日本人の9割が知らずに使っている日本語

——富士山（ふじさん）に浅間山（あさまやま）。「山」の呼び方が違うのはなぜ？——

岩田亮子

青春新書
PLAYBOOKS

いつも使っているのに
言われてみれば確かに「?」な日本語
けっこうあるものです。

うー寒いっ
せっかく日本に来たんだからマイケルも！
鍋食べに行くか！
マイケル
えっ？
鍋を食べるの？
ガリガリ
なんだ鍋に入った料理を食べることか！
オレ、昔すごくやせてたんですよー
ウソ言え！
ウソつけ！
ウソつけ！
＝
ウソを言いなさい！
なぜ、ウソを勧める？

まだまだ
大丈夫
っす！
まだ
食べられる？
Yesって
ことね！
7
もう
大丈夫
です！
もう一杯
どう？
Noって
こと？
8
大丈夫が
Yesだったり、Noだったり....
日本語って不思議....
9
おやすみ
なさい
おやすみー
おやすみ
なさい
10
おやすみ・なさい
ってなぜ
命令形
なの？
にほんご
の本
11
そんな日本語の謎や疑問を
スッキリ解決します!!

まえがき──「まえがき」ハ　ナンデスカ

レッスンルーム（といってもたいていは会社の小さなミーティングルームなのですが）で、このまえがきの下書きをしていたら、ちょうどフランス人の生徒さんが入ってきて、「岩田サン　モ　レポート　デスカ」と聞かれました。「まえがきを書いていました」と答えようとしましたが、「マエガキ　ハ　何デスカ」となるだろうなと思いやめました（笑）。

まえがきの説明が難しくてわからないだろうなとも思ったのですが、それとあわせて、私自身が「そう言えば、まえがきってなんだろう」、「あとがきというのもあるけど、違いはなんだろう」と疑問に思ってしまったからです。

レッスンでは、このように外国人の生徒さんとのちょっとした会話や、生徒さんからの「素朴で鋭い」質問から日本語の面白さを、日々再発見しています。

そして、そんな質問に答えようと、あれこれと調べているうちに、言葉の一つひとつがどんどん気になり、とうとうこの本を書くことになりました。

ですから、本書は、「日本語再発見」の数々、つまりは、私が日々のレッスンで「あっ、この質問、面白いな」「言われてみれば、この日本語はちょっと謎だな」と思ったことを取り上げて、紹介しています。じつは、あまりにもあれこれと調べたので、普段の日本語のレッスンでは取り上げないような言葉についても紹介しています。

普段から日本語を使っている私たちなら疑問に思わないようなことでも、外国人の生徒さんたちにとっては、とても不思議に、疑問に思えるものです。本書では、できるだけ、質問が出たときのシチュエーションなどが、読者の方々に伝わるようにも心がけました。

今、私はあらためて「日本語って面白い！」と感じています。何かの縁で本書を手に取ってくださった方々も、どうか日本語の面白さ、言葉の奥深さを感じ取っていただけると幸いです。

２０２０年１月

岩田　亮子

日本人の9割が知らずに使っている日本語　目次

なんでそう言うの？

2章 「ウソつけ！」って「ウソをつきなさい」と命令することになるのでは？

そもそもどういう意味？

3章 「さようなら」で、どうしてグッドバイの意味になるの？

目次

その違いはいったい何？

4章 「山々（やまやま）」とは言っても、「川々（かわかわ）」と言わない理由は？

▽「違い」を聞かれても答えられない日本語15 ……… 113

どっちを選ぶ？

5章 坂道は「おりる」のか？それとも「くだる」のか？

なぜその漢字？

6章 人に良いことをする「親切」。なぜ「親」を「切る」と書く？

編集協力／タンクフル
本文イラスト／BONNOUM
DTP／エヌケイクルー

1章

富士山（ふじさん）に、浅間山（あさまやま）。山の呼び方が違うのはなぜ？

▽外国人の疑問に日本人も答えられない日本語11

外国人が「？」
日本人も「？」

1 地名は浅草（あさくさ）なのに なぜ浅草寺（せんそうじ）？

東京で人気の観光スポットである「浅草」。外国人の観光客も多く訪れています。浅草で有名な場所と言えば、東京最古のお寺である浅草寺ですが、これは「あさくさでら」ではなく「せんそうじ」と呼びます。

地名は「あさくさ」なのに、「寺」が付くと「せんそうじ」になるのはなぜなのか。その理由、外国人観光客ばかりでなく、日本人でも知らない人が多いのではないでしょうか。

答えは「お寺だから」です。

お寺は仏様が祀《まつ》られている場所。仏教は、おもに中国を経由して日本に伝来しました。その影響で、お寺の名前には中国の漢字の読み方である音読みが使われることが多いのです。

その証拠に、浅草寺の隣には浅草神社がありますが、読み方は「あさくさじんじゃ」。神社は、日本古来の神様を祀っている場所なので、読み方も日本古来の和語や大和言《やまとこと》葉《ば》にならった「訓読み」となることが一般的です。

ただ、訓読みのお寺がないわけではありません。

有名なところでは、京都の「清水寺」は「きよみずでら」で、牛若丸の伝説で有名な「鞍馬寺」も「くらまでら」と訓読みします。このように、訓読みが定着したお寺も例外的にあるのです。

外国人が「?」日本人も「?」

2 富士山（ふじさん）に、浅間山（あさまやま）「山」の呼び方が違うのはなぜ？

富士山は「ふじさん」と呼ぶのに、アルペンルートの美しさで有名な立山は「たてやま」、福島・会津の磐梯山は「ばんだいさん」で、活火山で知られる浅間山は「あさまやま」です。この「〜さん」と「〜やま」、どういうルールで呼び分けられているのでしょうか。

日本には昔から、山を神聖なものとして信仰の対象とする山岳信仰があります。山は修験道《しゅげんどう》の修行の場として崇拝《すうはい》されてきましたが、すべての山が信仰の対象となったわけではありません。このことから、信仰の対象となった山は「〜さん」、信仰の対象とならなかった山は「〜やま」と呼ぶという説があります。

確かに日本仏教のおもな宗派の総本山は、「比叡山（ひえいざん）延暦寺」や、「高野山（こうやさん）金剛峯寺」など「〜さん」と呼びます。このことも、この説を裏付けているといえます。

ただし、例外もあります。浅間山は「あさまやま」と呼びますが、古くから山岳信仰の対象でした。立山も「たてやま」と呼びますが、じつは「日本三霊山」の一つとして信仰を集めてきました。古くから「～やま」と呼び習わされてきた山は、山岳信仰の対象であっても「～さん」とは呼ばないようです。

ところで、日本で富士山に次いで高い山の名前をご存じですか。標高3193メートル、山梨県南アルプス市の「北岳」で、「きただけ」と読みます。

どのような山を「～だけ」と呼ぶのかは、明確な決まりはありません。山々が連なる連峰の中の一つの山を呼ぶときや、標高が高く険しい山を「～だけ」「～たけ」と呼ぶことが多いようです。他にも日本語には、「～山」と書いて「～せん」「～ざん」、「～嶽」と書いて「～だけ」「～たけ」など、さまざまな呼び方があります。

外国人が「?」日本人も「?」

3 淀川のローマ字表記は「Yodo River」なのに荒川はどうして「Arakawa River」になる?

外国人向けに観光地の名称がローマ字や英語で表記されているのを目にして、「あれっ?」と思ったことはありませんか。例えば、利根川は「Tone River」で、京都の淀川は「Yodo River」なのに、荒川は「Ara River」ではなく、「Arakawa River」で、「荒川」の「川」と「River」が重複しています。なぜでしょうか。

地名のローマ字や英語の表記にはルールがあります。国土地理院によると、「富士山」を「Mt.Fuji」と記すように、山や川、湖などの「地形や種別を表す部分」を英語に置き換え、「富士」のように固有名詞をローマ字で記す「置換方式《ちかん》」が原則です。だから、利根川は「Tone River」で、京都の淀川は「Yodo River」です。

ただし、国土地理院では2016年に、「外国人にわかりやすい地図表現検討会」の報告書を発表しています。その中で、先述の置換方式を原則としつつも、荒川のように「Ara River」と書いてしまうと、「荒川」と認識しにくくなる場合には、「Arakawa」とローマ字で表記し、そこに「地形や種別を表す部分」を英語にして追加する「追加方式」が取り入れられました。アルペンルートで知られる立山も、「Mt.Tate」ではわかりにくいので、「Mt.Tateyama」です。

ちなみに、外国人の生徒さんに「レイクゥアーシ　ニ　行キマシタ」と言われて、どこかわからなかったことがあります。これは箱根の「芦ノ湖」のこと。国土地理院の表記でも箱根町のホームページでも「Lake Ashinoko」ですが、芦ノ湖のほとりの看板には「Lake Ashi」と書いてあったのです。

東京の多摩川も、国土地理院では「Tama River」ですが、流域の自治体によって「Tama River」と「Tamagawa River」の両方の表記が使われています。

4 居酒屋などでお金を払うとき なぜ「おあいそ」と言うの？

飲食店で食事を楽しんだ後、店員に向かって「おあいそ、お願いします」と言っている人を見かけたことがあるでしょう。あれは「お勘定《かんじょう》をお願いします」という意味ですが、「おあいそ」が、なぜその意味になるのでしょうか。

「おあいそ」を漢字で書くと「お愛想」です。「愛想」とは、相手に対する好意や信頼のこと。それがなくなる「愛想尽かし」を省略し、丁寧の「お」を付けたのが「お愛想」です。

もともとは、お店側がお客に勘定を支払ってもらうときに、「愛想尽かしなことで申し訳ありませんが、お会計をお願いいたします」というように話していました。

そこから、お店側がお客に対して「お愛想をお願いします」と言えば、「お勘定を支払ってください」を意味していることになり、さらに転じて、現在のように「お勘定」そのものを意味する言葉となりました。

　もともとは、お店側がお客に対して使っていた言葉なので、お客が店員に「お愛想」と言うと、「この店には愛想が尽きたから、さっさと勘定してくれ」という意味になるとも考えられます。

　そのため、「客が使うのはおかしい」という考えもあるようですが、お勘定のことを「お愛想」と言ってもおかしくないでしょう。いまや国語辞典にも「お愛想」には「お勘定」という意味があると記されています。

　ただ、もしお店に対して失礼になるのでは、と気になるなら、「お会計」や「お勘定」などと言い換えてみましょう。

外国人が「？」日本人も「？」

5 実際は緑色なのになぜ「青」信号と言う？

日本語では、緑色のモノを「青い」と表現することが多くあります。例えば、ほうれん草や小松菜など緑色の野菜を「青菜」と呼んだり、緑色のリンゴを「青リンゴ」と言ったりします。信号機もその一つで、緑色なのに「青信号」と言います。

英語で青信号は「グリーン」と表現します。日本語ではどうして「緑信号」ではなく「青信号」なのでしょうか。

これには諸説あります。まずは、もともと日本には色を示す言葉が少なかったため、「青」や「緑」など寒色全体を指す言葉として「青」が使われていたためという説です。

昔の日本語では、「赤」、「青」、「白」、「黒」に「黄色」と「茶色」の6色が色を示す言葉でした。そのため、「青」が示す色の範囲が現在よりも幅広く、「緑色」でも「青」と呼んでいたというのです。青菜や青リンゴは、その名残といえるでしょう。

もう一つの説は、もともと「緑」は、色を示す言葉ではなく、新芽や若い枝を示す名詞、もしくは、「若々しい」や「みずみずしい」という意味の形容詞だったからというものです。「山の緑がいっせいに芽吹いた」などと使います。このように緑が色を示す言葉ではなかったため、色を示す「青」を使って青信号と呼ぶようになったとも考えられています。

さて、日本で初めて自動式信号機が設置された場所は東京・日比谷交差点で、1930年のこと。信号機が導入された当初から新聞では「青信号」と表現されていて、それが広まり定着したという説もあります。ところで、青信号の色の正式名称はなく、「青みがかった緑色」が近い表現とされています。

外国人が「？」日本人も「？」

6 「赤い」「青い」とは言うけど「緑い」「水色い」とは言わないのはなぜ？

現在、日本語で表現できる色の数は、どれくらいあるのでしょうか。すぐに思いつくのは、赤、青、黄色などでしょう。日本工業規格では、じつに269色の色名が規定されていますが、一説には、日本語で表現できる色の数は500以上とも1000以上ともいわれています。

現在では、こんなにも多くの色名があるのですが、前述のように、もともと日本語には「赤」、「青」、「白」、「黒」しか色の名前がなかったそうです。そして、この4色に「黄色」と「茶色」の2色を合わせた6色が、古くから日本語で使われていた伝統的な色名とされています。

さて、これら伝統的な6色は、いずれも「色名＋い」で形容詞となり、モノの色を表現できます。「赤い」、「青い」、「白い」、「黒い」、そして、「黄色い」と「茶色い」です。

じつは、この6色以外の色、例えば「緑」や「水色」などは、「い」を付けて「緑い」や「水色い」と表現することはできません。つまり、「色名＋い」が使えるのは、「たった6色しかない」のです。

色の表現は、日常生活でも仕事でもよく使います。色の表現に悩む外国人の生徒さんは、「ドンナ ルール デスカ？」と聞いてきます。そこで、まずは、「色名＋い」が使えるのは「たった6色」ということを説明します。そして、さらに細分化して「○＋い」は「赤、青、白、黒の4色に使い」、「○色＋い」は「黄色と茶色の2色に使う」ことを理解してもらいます。

それでは、その他の色の場合は、どう表現したらいいのでしょうか。残りの色は、まとめて「○色＋の」で表現します。「緑」の場合は、「緑色のカーテン」といった表現、水色の場合は「水色のパラソル」といった表現になります。

ただし、「赤」や「青」、「黄色」でも、「赤色のマフラー」や「青色の手袋」、「黄色のシャツ」など「○色＋の」という表現で使うこともあります。例外はあるのです。

外国人が「？」
日本人も「？」

7 三人目以降は「さんにん」「よにん」…なのに なぜ一人、二人のときは「ひとり」「ふたり」と言うの？

人の数え方は、数字の後に「にん」を付けます。それなら、一人は「いちにん」、二人は「ににん」と呼ぶはずなのに、「ひとり」と「ふたり」です。そして、三人目以降になると、「さんにん」、「よにん」と、数字の後に「にん」を付けます。なぜ、「一人（ひとり）」と「二人（ふたり）」だけが、呼び方のルールが違うのでしょうか。

もともと、日本には大和言葉による、「ひとつ、ふたつ、みっつ、よっつ、いつつ」という数え方がありました。これに「人」を数えるときに使う助数詞《じょすうし》の「たり」を付けた「ひとたり、ふたたり、みたり、よったり、いつたり」が、日本古来の人の数え方でした。そこから転じて「ひとり、ふたり」と数えるようになったと考えられています。

もともとは、大和言葉の数え方でしたが、現在では三人以降は「さんにん」、「よにん」と漢語の読み方です。その理由は諸説ありますが、「みたりやよったりが言いにくかった」という説などがあります。

また、四人（よにん）を「しにん」と呼ばないのは、「死人」を連想させるからとされています。

外国人が「?」日本人も「?」

8 「ごはん、一緒に食べていく?」「大丈夫です」はイエスなのか? ノーなのか?

「大丈夫」の本来の意味は、「立派な男」。その語源は、古代中国・周の時代にまで遡《さかのぼ》ります。成人した男性のことを、背丈が「一丈」(約170~180センチメートルとされています)くらいあったことから「丈夫(じょうふ・じょうぶ)」と呼び、その中でも特に大きく立派な男性を「大丈夫(だいじょうふ・だいじょうぶ)」と言いました。

そこから、「強くてしっかりしているさま」や「あぶなげがなく、安心できる様子」、「間違いや問題がなく、確実な様子」を「大丈夫」と表現するようになったのです。「この建物は地震にも大丈夫だ」、「あの人に任せておけば大丈夫」、「時間は、まだ大丈夫だ」というように使います。

ところが、この「大丈夫」、普段の会話の中では、別の使い方も多くされています。「コーヒーのおかわり、いかがですか?」=「大丈夫です」、「重そうな荷物ですね、持ちましょうか」＝「大丈夫です」というように、「やんわりと断る」使い方です。

意味合いとしては、「そんなお気遣いをしていただかなくても、大丈夫です」といったところ。「コーヒーのおかわり、いかがですか？」＝「いりません」と、きっぱりと断ってしまうのは、どうも気がひけるという場合に使われます。せっかく声をかけてくれた相手を傷つけないようにという、日本人らしい気遣いとも言えるでしょう。

ただ、この日本人らしい気遣いによる使い方が、相手を混乱させてしまうことにもつながりかねません。

例えば、「ごはんでも、食べていこうか？」＝「大丈夫です」という会話。「いいえ、食べなくて大丈夫です」なのか「はい、食べていきましょう」なのか、一瞬、戸惑いませんか。こうした場合には、「はい、大丈夫です」、「いいえ、大丈夫です」というように、イエスかノーかを明確にするようにするといいでしょう。

外国人が「？」
日本人も「？」

9 素晴らしいときに使う「結構です」が「いりません」の意味にもなるのはなぜ？

日本語には、「大丈夫」以外にも肯定にも否定にも取れる曖昧な表現があります。例えば、「いいです」。「今日、お昼、一緒に食べない？」＝「いいです」という場合、「いいです」は「はい、一緒食べましょう」なのか「いいえ、お断りします」なのか、一瞬迷ってしまうでしょう。

同じように「結構です」も肯定と否定の両方の意味を持ちます。上司に「お昼、一緒に食べない?」と誘われたとき、「結構ですねぇ」と語尾を上げ調子に言うと「ぜひ、ご一緒させてください」となるし、反対に「結構ですっ」と語尾を下げ気味に強い口調で言うと、「まっぴらごめんです」となるでしょう。このあたりで、外国人の生徒さんは、「イエス、ノー、ドッチデスカ?」と疑問に思います。さらに「結構です」は「ドンナ 意味 デスカ?」と聞いてくるのです。

「結構です」の結構には、本来、建物の全体の「構造」や文章などの「構成」という意味があります。古くは「計画」や「準備」という意味でも使われていました。そこから、計画や準備が抜かりないときに、「素晴らしい結構だ」と褒める使い方が生まれ、現在では、「問題なく満足できる状態」、「もう十分であり、必要ない様子」、「想像以上であるさま」などを示すときに使われます。

このうち、もう十分で必要ない様子を示す意味合いが転じて、「コーヒーにミルク、入れますか?」＝「いいえ、結構です」などと、やんわり断るときにも使われるようになったとされています。

その他にも、外国人だけでなく日本人でも曖昧だなと感じる「結構」があります。「あのレストランのディナーなら、結構するんじゃない」といったときの「結構」。このときの「結構」には「想像以上」というニュアンスが含まれ、値が張ることがわかります。

外国人が「?」
日本人も「?」

10 「ちょっとわかりません」とは言っても「少しわかりません」とは言わない理由は?

「ちょっと」も「少し」も、数量や程度が少なく、わずかであるさまを示す言葉です。「今日は、ちょっと寒い」、「もう少しで仕事が終わる」などと使います。この場合、「ちょっと」と「少し」に、大きな意味の違いはなく、「今日は、少し寒い」も「もうちょっとで仕事が終わる」と言ってもおかしくありません。

ところが、「ちょっと」には「少し」にはない活用方法があります。「ちょっと〜できない」、「ちょっと〜ない」という打ち消しの言葉とセットになるパターンです。「ちょっと想像できない」、「その質問には、ちょっと答えられない」などと使います。この場合の「ちょっと」は、「簡単にはできない」ことを示し、「少し」に置き換えるとおかしな表現になってしまいます。

また、「あの人はちょっとした人物だ」や「彼はちょっとした選手だよ」と言えば、とたんに「ちょっと」どころではなくなり、別の意味を示します。「ちょっとした人物」なら大物ですし、「ちょっとした選手」は、かなりの技量を持つアスリートということになります。これらを「少し」に置き換えて、「あの人は少しの人物だ」とか「彼は少しの選手だ」などとは言いません。

つまり、「ちょっと」と「少し」は数量や程度が少ないことを示すという意味合いではほぼ同じですが、「ちょっと」には、より幅広い活用法や意味があるのです。「ちょっとした人物」のように、「ちょっと」と言いながらも、それがある程度や水準を超え、むしろ「かなり」のレベルにあることを示す意味があるのです。

さらに、「ちょっと」は「少し」よりも口語的で、カジュアルな表現で使われることが多いようです。例えば、「ちょっとお時間ありますか」と「少しお時間ありますか」では、「少し」のほうが丁寧です。会社の上司や取引先の人たちとの会話では、「少し」を使うほうが適しているでしょう。

もう一つ、「ちょっと、すみません」というように、人に呼びかけるときに使う用法もあります。

外国人が「?」日本人も「?」

11 「もったいない」は なにが「ない」状態を指している?

日本人の精神を表している「もったいない」という言葉。今や「MOTTAINAI」で、世界中に知られています。「もったいない」は、まだ有用で使えるのに、その価値を活かし切れずに「無駄にしたり、捨てたりする状態」や、「そうした状態にしてしまうこと」が惜《お》しいという意味です。

ところで、「もったいない」という言葉を分解すると、「もったい」が「ない」となります。この「もったい」とは、いったいどのような意味でしょうか。

「もったい」とは漢字で「勿体」と書きます。もともとは、ある人やモノが持つ「風格や品位」、「外見や態度が重々しいこと」、「威厳」などを意味します。よく「勿体つけないで、早く話せよ」などと使いますね。国語辞典によれば、「勿体つける」とは、「外見や態度をいかにも重々しく見せ、簡単にはできないように思わせること」。先の会話では、そんなことはしないで、「さっさと話してくれ」と言っているのです。

こうした意味を持つ「勿体」が「ない」とは、「風格や品位、威厳がない」という意味ではありません。「本来は風格や品位があり重々しく扱われるべき人やモノ」が、「そのようには扱われていない」、「そのように扱われなくなってしまった」状態を表しています。

そこから、「本来は大切にされるべき人やモノが、そう扱われない、扱われなくなったことを惜しむ気持ち」を「もったいない」と言うようになったようです。

さて、「もったいない」にはもう一つ、「身に余り、おそれ多い」といった意味があります。例えば、「今回の受賞は、私にはもったいない」などと使います。これは、話し手がへりくだって、「私には身に余る」という意味です。「私の能力が優れているのに、皆がそれを軽んじているのがもったいない」という意味ではありません。

コラム　日本語の教室から1

「赤いバラ」に「赤ワイン」、「青い海」に「青信号」「い」をつけるかどうかのルールは？

日本語には、色を使った表現がたくさんあります。後章でも取り上げる「赤の他人」や「真っ赤なウソ」などもそうですが、他にも、まだ経験の浅い若手社員のことを「青二才」(あおにさい)と呼んだり、会社が儲かっていない状態を「赤字」、若い女性の声援を「黄色い声」、何かよからぬことや悪だくみを持っていることを「腹黒い」と言ったりします。

さて、外国人の生徒さんに、こうした色を使った表現を教えていると、よく聞かれることの一つが「赤い車」や「青い空」という「色＋い＋名詞」で表現するパターンと、「赤ワイン」や「青信号」のように「色＋名詞」で表現する場合があるのはなぜかということです。「赤いワイン」とは言わずに、「ナゼ？

赤ワイン、ナノデスカ？」と聞かれるのです。

たしかに、「赤信号」や「赤レンガ」、「赤ずきん」、「赤味噌」、「赤ペン」などとは言いますが、「赤い信号」や「赤いレンガ」、「赤い味噌」などでは意味合いが少し違ってきてしまいます。

この使い分けについて、一般的には、「そのモノに、もともと複数の色を持つ種類があって」、「その中から一つのモノや種類を指す」場合には、「色＋名詞」とするという説明がされています。つまり、ワインには白もロゼも赤もある中での「赤ワイン」ということ。この説明は、「赤信号」や「赤味噌」にもあてはまりそうです。

ただし、言葉は生きているので、あてはまらないケースももちろんあります。バラの花には、もともと赤や白、黄色などさまざまな色がありますが、「赤バラ」や「白バラ」、「黄バラ」は、馴染みのある言葉ではありません。

こうなってくると、どう説明したらよいのかとても悩みます。日本語の授業では、わかりやすくするために、「赤ワイン」のように、すでにその言葉が「ひと続きの名詞」として定着している場合には、「色＋名詞」とすることが多いようですと説明しています。

2章

「ウソつけ！」って「ウソをつきなさい」と命令することになるのでは？

▽「なんでそう言うの？」と聞かれて答えに困る日本語16

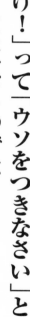

なんでそう言うの？

1 Not finish を意味する「済みません」がなぜ「ごめんなさい」の意味になるの？

「済む」は「用事が済む」など「終了する」、「終わる」という意味の動詞です。それを否定する「済みません」は、普通に考えると「まだ終わっていない」という意味。ところが、日々の会話では「済みません」を「ごめんなさい」という謝罪の言葉として使うことが多いですね。外国人の生徒さんにとっては「Excuse me」や「I am sorry」とほぼ同じ。なぜ「Not finish」が、謝罪の言葉として使われるようになったのでしょうか。

「済む」は「澄む」と同じ語源とされ、「濁りや曇りがなくなる」こと。「気が済む」と言えば、「気持ちがおさまる」や「気持ちが晴れる」という意味で、その否定形である「気が済まない」は、「気持ちがおさまらない」、「気持ちが晴れない」という意味になります。

つまり、「済みません」には、相手の気分を害したり相手に迷惑をかけたりしたことで、「(このままでは）私の気持ちがおさまりません」、もしくは「(申し訳なくて）気持ちが晴れません」という意味があるのです。そこから、謝罪の言葉として使われるようになったのです。

さて、「済みません」は、日常生活のさまざまなシーンで使われます。例えば、「素敵なおみやげをいただき、本当に済みません」と言えば、「ありがとう」と感謝の意味になります。これは、「(おみやげをいただいたのに）何のお礼もできずに、私の気持ちがおさまりません」と考えることができます。

もう一つ。「あのう、済みません」と言えば、これは「軽い呼びかけ」です。呼びかけることで、相手の行為や作業をいったんストップさせてしまうことに対して、謝罪、もしくは感謝の気持ちが込められた呼びかけで、何かを依頼するときにも使います。「済みません」には「謝罪」、「感謝」、「呼びかけ」、「依頼」というおもに四つの意味があるのです。

なんでそう言うの？

2 ウソをつくなというとき「ウソつけ！」と反対に言うのはなぜか？

ウソをつくのは良くないことです。ウソをついている人を「ウソをつくな」と非難するのは、外国人の生徒さんも理解できます。ところが日本語では、ウソをついている人に、「ウソつけ！」と言う場合があります。なぜ、わざわざ「ウソをつくように」命令するのでしょう。

普段から日本語を使っている人なら、これは「ウソをつくこと」を命令しているのではなく、「お前はウソつきだ」と非難しているのがわかるでしょう。「馬鹿も休み休み言え」や「ふざけろよ」も同様で、相手を非難する意味を持ちます。

この「ウソつけ」が、命令ではなく、どうして相手を非難する意味を持つようになったのか、理由は明確ではないようです。一説には、誰にでもバレるウソをついた人に対して「ウソをつくならつきなさい。お見通しですよ」と非難していたのが、短くなって「ウソつきなさい」、「ウソつけ」となったとされています。ただし、定説ではありません。

さて、会社で上司が部下に「ウソつけ」と怒鳴ったら、仕事のミスの言い訳をする部下を非難していると考える人が多いでしょう。でも、もしかしたら、「部下思いの上司」が、「(お前のミスの原因は上司の指示にあったと)上層部には、ウソをついておけ」とかばっているのかもしれません。日本語にはこのように使われる状況によって、意味が違ってくる言葉があるのです。ちなみに「ウソをつけ」は漢字で「ウソを吐け」と書きます。

なんでそう言うの？

3 「お帰りなさい」って言うけど「帰れ！」って命令していることになるのでは？

「お帰りなさい」は、外出から帰ってきた人を迎えるときの挨拶の言葉です。「お帰りなさい」の「なさい」を、「～しなさい」のように命令形と考えてしまうと、帰ってきたばかりの人に「なんで、また『帰れ！』と命令するの？」と疑問に思えてしまいます。外国人の生徒さんからも「ナゼ　命令　スルノデスカ？」と聞かれることがよくあります。

「お帰りなさい」の「なさい」は、次項で説明する「おやすみなさい」のような「～する」「～なす」の尊敬語「なさる」の命令形ではありません。もともとは、「よくご無事に、お帰りなさいました」のような言い方をしていましたが、それが省略されて「お帰りなさい」になったとされています。

さらに、「お帰りなさい」の、より丁寧な言い方として「お帰りなさいませ」があります。国語辞典によると「お帰りなさい」を命令形と混同し、それに丁寧な表現の「〜ます」の命令形「ませ」を付け、より丁寧な命令の意味合いを強めたのが「お帰りなさいませ」になったとされています。いわば、「お帰りなさい」を命令形として勘違いした使い方が定着してしまったと考えることができそうです。

さて、「お帰りなさい」と対《つい》になる言葉が、「ただいま」です。これは「ただいま、戻りました」と帰ってきたときに使われていた挨拶の言葉が省略され、「ただいま」となりました。つまり、現在、日常的に使われている「ただいま」と「お帰りなさい」という挨拶は、いずれも「ただいま、戻りました」や「よくお帰りなさいました」という言葉が省略され、使われるようになった挨拶なのです。

4 なんで自分が寝るのに「おやすみなさい」って命令形で言うの？

寝る前の「おやすみなさい」は、よく見ると命令形なのですが、当然のことながら「さっさと寝ろ！」と言っているのではありません。「おやすみなさい」は「おやすみ＋なさい」で、「なさい」はもともと「〜する」「〜なす」の尊敬語「なさる」の命令形。

この「なさる」は、「先輩は大学院で考古学の研究をなさるそうだ」というように使います。「なさる」の命令形が「なさい」で、例えば教授が学生に「君は大学院に進学して考古学を研究なさい」というように使います。いわば、「丁寧な命令」です。

さらに、「なさい」には、もう一つ「ある行為を促す」意味合いがあります。「もう起きなさい」と言えば、起床を促《うなが》しています。

つまり、「おやすみなさい」は、もともとは丁寧な命令形であると同時に、相手に「休むことを促す」意味合いを持つ言葉でした。「おやすみなさい」に、丁寧な意味合いを強める助動詞「ませ」を付けて、「今夜は早めに、お休みなさいませ」と言えば、就寝を丁寧に促していることが、よくわかると思います。

この「丁寧な命令」であり、かつ「相手に就寝を促す」言葉であった「おやすみなさい」が、「寝る前の挨拶」として定着し、休もうとしている相手だけでなく自分にも使うようになったのが、現在の「おやすみなさい」です。

ただし、「おやすみなさい」が挨拶とはいえ、もともとは命令形であったことは覚えておいてください。目上の人に使うのは失礼にあたると考えるのが一般的。「おやすみなさい」ではなく、「ごゆっくり、おやすみください」というように、表現を工夫しましょう。

ところで、謝るときに使う「ごめんなさい」も「おやすみなさい」と同様、もともとは「ごめん」＝「お許し」を「ください」という「丁寧な命令」です。それが、謝罪するときに使う言葉として定着したものです。

なんでそう言うの？

5 電話に出るときの「もしもし」そもそもどういう意味？

電話で話し始める前に使う「もしもし」。日本人なら日常的に使っていますが、なぜ「もしもし」と言うのでしょう。

国語辞典によると、「もしもし」は、もともと人に呼びかけるときに使われていた「申し申し（もうしもうし）」という言葉が短くなったもの。「申し申し（もうしもうし）」から「もしもし」へと音《おん》変化した言葉です。

この「申し申し（もうしもうし）」、「あなたに話しかけますよ」という呼びかけとして、江戸時代から使われていたとされています。ただし、その頃は、「申し申し（もうしもうし）」と重ねることはせずに、「申し（もうし）」と単独で用いられていました。

その後、明治時代になって電話が登場すると、受話器を手に「これから話しかけますよ」という意味で「申し申し（もうしもうし）」と使われるようになり、その後、「もしもし」に変化していったとされています。

「もしもし」のように、同じ言葉を重ねて使う表現が日本語には多くあり、「畳語《じょうご》」といいます。例えば、呼びかけに使う「ねえねえ」、「浮く」という動詞を重ねて楽しい気分を示す「うきうき」、やや古めかしい表現ですが驚いたときに使う「なんとなんと」など。いずれも重ねて使うことで意味を強調するといった働きがあります。

なんでそう言うの？

6 1日を「いちにち」ではなく「ついたち」と呼ぶのはなぜ？

「ついたち」は、毎月の第一日目を示す言葉で、「月立ち（つきたち）」が変化した言葉です。「月立ち」の「立ち」には「現れる」という意味があります。

月の満ち欠けによって月日を数える太陰暦《たいいんれき》では、新月の日がその月の「1日」にあたると考えます。月が「現れる」という意味から1日を「月立ち」と呼び、それが「ついたち」に変化しました。

「ふつか」、「みっか」、「とおか」などと呼ぶのは、中国から漢語が伝わるより前に存在していた日本古来の大和言葉による数の読み方に、「日（か）」をつけたものです。

大和言葉では、2は「ふう」または「ふたつ」、3を「みっつ」、10は「とお」と読みます。それらに「か」を付けて「ふつか」や「みっか」、「とおか」と呼ぶようになったのです。

なんでそう言うの？

7 「私たち」の「たち」は複数なのに一人でも「友だち」のなぜ？

「～たち」は、「私たち」や「あなたたち」のように複数形を示す接尾語です。一方で「私」には友だちが一人しかいない」といった表現もあります。一人なのに友「だち」と呼ぶのはなぜでしょうか。

それは、「～たち」は複数であるとともに、尊敬の意味を示す言葉でもあるからです。もともとは、皇族など高貴な人々を「公達《きんだち》・君達《きんだち》」と言ったように、単数・複数にかかわらず、尊敬の意味合いを込めた言葉としても使われていたのです。そこから、友人を若干の尊敬の意味を込めて呼ぶときに、単数・複数にかかわらず、「友達《ともだち》」と使うようになったと考えられています。

ちなみに、小中学校の教科書などの表記では、「友たち」と書くときには複数、「友達」は単数を示すと使い分けているところもあるようです。

なんでそう言うの？

8 「私ども」は複数形。なのになぜ一人でも「子ども」と言う？

「～ども」は複数形を表す接尾語で、「私ども」のように使って複数の人がいることを示します。外国人の生徒さんの中には「子ども」という言葉を聞くと、「子＋ども」で複数の子を示す言葉だろうと思うこともあるようです。ところが「一人の子どもが」「子どもたちが遊んでいる」という表現があるように、「子ども」は単数形で使います。「～ども」と付くのに、なぜ単数形なのでしょうか。

文化庁国語課によると「子ども」はもともと、「子」の複数形として古くから使われ、江戸時代に「供」が当て字として用いられるようになったとされています。また、国語辞典によると、「子ども」は、もともと複数でしたが、今では多くの場合、単数で用いるとあります。「年のいかない幼い者」や「児童」といった意味です。つまり、もともとは複数だったのが、時代とともに変化し、現在では多くの場合、単数で使われる言葉となったのです。

ところで、「子ども」と「子供」、どちらの表記が正しいのか、迷ったことはありませんか。

もともとは「子供」と書くと「大人のお供」といった意味合いがあると考えられていましたが、２０１３年に文部科学省は「否定的な意味合いはない」として、省内の公用文書の表記を「子供」に統一すると決めました。ただ、新聞などを含め、一般には表記はまちまちのようです。

なお、「～ども」には、自分や自分の身内を示す言葉に付いて、謙譲の意味を示す働きがあります。冒頭に書いた「私ども」、他にも「若い者ども」などという場合は、複数を示すと同時に、相手に対する謙譲の意味も含んでいます。

なんでそう言うの？

9 「ちょっと」は英語では「a little」。でも、文句を言うときにも「ちょっとぉ～」と言うのはなぜ？

「ちょっと」という言葉は、「少し」と同じように、数量や時間、程度などが少ない状態を示していますが、ほかにもさまざまな使い方があります。例えば、「ちょっと、やめてください」など、相手に文句を言うときにも使います。

「ちょっと」には、相手を「とがめる」意味を持たせ、強める働きがあります。「やめてください」という抗議の言葉に「ちょっと」を付けることでとがめる感情を強めていると言えるでしょう。ややおかしな表現ですが、「少しだけ」「やめてください」という意味ではありません。外国人の生徒さんは、怒っているのになんで「a little ～」と言うのかと不思議に思ってしまうこともあるようです。

また、「ちょっと」には日常の会話を円滑にする働きがあります。「ちょっと、いいですか」など相手に気軽に呼びかけるときなどにも使うのがいい例です。

なんでそう言うの？

10 どうして「くだらない」が「つまらない」の意味になるの？

「くだらない」は、動詞の「下る（くだる）」に打ち消しの助動詞「ない」が付いた言葉です。「くだる」は下に向かうという意味ですが、それを打ち消すと、なぜ「取るに足らない」といった意味になるのでしょうか。

その理由には、諸説あります。有力な説の一つは、江戸時代には品質の良い品物や高級品が、当時、文化や芸術、商業の中心であった京都や大阪（大坂）の「上方《かみがた》」から江戸に「下ってきた」ことを語源としています。

上方から下ってきた物の中でも、とりわけ灘《なだ》や伊丹《いたみ》、伏見《ふしみ》などの上質なお酒は「下り酒」として江戸で人気でした。お酒以外でも上方からの「下り物」は品質の良い高級品とされ、それに対して江戸の地物《じもの》は「下らない物」と呼ばれました。そこから「取り合うだけの価値がない」ものを「下らない」と言うようになったとされています。

なんでそう言うの？

11 どうしようもない人を「ろくでなし」と呼ぶけれど「ろく」ってそもそも何？

のらくらしていて役に立たない人や、まともでない人のことを指す「ろくでなし」。そもそも「ろく」では「ない」とはどういう意味なのでしょうか。

「ろく」は「陸」と書き、もともとは土地が水平なこと。転じて、物事の筋が通っていたり、性格がまっすぐであったりするさまを意味するようになりました。そこから「ろくでなし」は、性格が曲がった人や筋が通らない人を指すようになり、さらに転じて、のらくらして役に立たない人、まともでない人という意味になりました。

また、「ろく」には、「ろくな～でない」や「ろくに～できない」というように、後ろに否定の言葉をともなって、「物事が正常でない」ことや「まともでない」ことを示す意味合いもあります。「勉強しないと、ろくな大人になれないぞ」や「仕事が忙しくて、ろくに休みも取れない」などと使います。

なんでそう言うの？

12 どうして「油を断つ」ことが「油断する」ことになるの？

「気を引き締めろ」や「注意を怠《おこた》るな」という意味で「油断するな」と言うことがあります。「油を断つ」ことが、どうして気を緩《ゆる》めることになるのでしょうか。

語源には、いくつか説があります。有力なのは、現代語の「ゆったり」に相当する「寛に（ゆたに）」という古い表現が「油断（ゆだん）」に音変化したものとする説。万葉集にも出てくる言葉で、もともとは「ゆったりする」や「のんびりする」さまを示す言葉です。「寛に（ゆたに）」の漢字は、今でも「寛ぐ《くつろ》」と使います。それが転じて、「気を緩める」や「注意を怠る」という「油断する」という意味になったと考えられています。

もう一つの説は、北本涅槃経《ほくほんねはんぎょう》という仏教の経典に、王が臣下《しんか》に油を持って歩かせ、「一滴でもこぼしたら命を断つ」とした一節に由来するもの。そこから「油断」が生まれたというのですが、それだと断つのは油ではなく命ということになりますね。

なんで そう言うの？

13 「匙（さじ）を投げる」って言うけど なぜ箸の文化の日本でスプーンを投げる？

「匙を投げる」とは、「見込みがないとして物事を断念する」こと。どうにもならないとあきらめることですが、外国人の生徒さんは、「なぜ箸《はし》の文化の日本でスプーンを投げるのか」と疑問に思う人もいるようです。

これは、中国の故事に由来します。「匙を投げる」の「匙」とは、スプーンではなく、昔の医者が薬を調合するときに使った「匙」のこと。治る見込みのない病人に対しては、医者ですら「これ以上、手の施《ほどこ》しようがない」とあきらめ、薬を調合する「匙を投げ出してしまう」ことから生まれた言葉です。

江戸時代には、将軍や大名の御殿医《ごてんい》、つまり名医を「おさじ」と呼んだそうです。病人を生かすも殺すも、まさに医者の「匙（さじ）加減」。ちなみに、この「匙（さじ）加減」も、本来は薬を調合するときの加減のことを意味しました。

なんでそう言うの？

14 気が合う人のことをどうして「馬が合う」って言うのか？

相性がいい人や気が合う人に対して、「あの人とは馬が合う」と言います。なぜ、人との相性がいいことを表現するのに、わざわざ動物の馬を引き合いに出してくるのかと、疑問に思う人も多いでしょう。

「馬が合う」という言葉は、もともと乗馬で使われていた言葉です。馬は、非常に賢い動物とされています。騎乗する人が気に入らなかったり、騎乗する人と息が合わないと、走る、歩く、止まるなどの指示に従わなかったり、乗っている人を振り落としたりすることもあるそうです。

反対に、馬と騎手の息がぴったり合っていれば、まさに人馬一体となって、乗馬を楽しめるでしょう。ここから、馬と騎手の息が合うことを「馬が合う」と言うようになり、それが、やがて人と人との関係にも使われるようになったとされています。

なんでそう言うの？

15 「どこの馬のホネかわからない」と言うけどよりによってなぜ「馬のホネ」なの？

日本語には、動物の慣用句やことわざがあります。とりわけ、古くから人々の暮らしの中で身近な存在であった「馬」を用いた慣用句やことわざは数多くあります。先に紹介した「馬が合う」をはじめ、他人を出し抜いて利益を得ようとするさまを「生き馬の目を抜く」と言いますし、いくら助言をしたり言い聞かせたりしてもまったく聞く耳を持たない様子を「馬の耳に念仏」と表現したりします。その他にも、相手の様子を探るためにあてがう人を「当て馬」、他人の言うことを聞かないワガママな人を「じゃじゃ馬」と表現します。

「馬の骨」はもともと、「素性《すじょう》がわからない人」をあざけって表現する言葉です。「どこの馬の骨とも知れない男と、うちの娘との交際を認めるわけにはいかない」といったセリフは、娘から初めて彼氏を紹介されたときの父親の決まり文句ですね。ところで、なぜ、「馬の骨」なのでしょうか。

これは、中国の故事に由来するとされています。古代の中国には「役に立たないもの」を示す、「一に鶏肋《けいろく》、二に馬骨《ばこつ》」という言葉がありました。鶏肋とは、鶏のあばら骨で、肉も少ないうえに細く小さく役に立たないとされていました。馬の骨も使い途《みち》がないばかりか、大きく量が多いので処分にも困り、役に立たないものの代名詞だったのです。

そうした意味が転じて、「誰からも必要とされない人」を示すようになり、さらに、必要とされないがために、その人の育ちや経歴を誰も知らない人、つまり「素性がわからない人」という意味でも使われるようになったとされています。

なんでそう言うの？

16 「負けず嫌い」って「負けないことが嫌い」って意味になるのでは？

「負けず嫌い」をよく見ると、確かに「負けず」が「嫌い」と読めます。「負けず」の「ず」を打ち消しの助動詞「ず」と解釈してしまうと、「負けず」は「負けない」ことになり、それを「嫌う」、つまり「『負けない＝勝つ』を嫌う」となってしまいます。

しかし、実際の意味は正反対で、「他人に負けることを嫌う性格」です。「『負けない＝勝つ』を嫌う」と読めるのに、なぜ「他人に負けることを嫌う」と反対の意味になるのでしょうか。

「負けず嫌い」は、もともと明治時代に使われていた「負け嫌い」や「負ける嫌い」に由来する言葉とされています。この「負け嫌い」とは「負けるのが嫌い」ということなので、現在の「負けず嫌い」の本来の意味としてはぴったりです。この「負け嫌い」とあわせて、当時から「他人に負けてたまるかと奮起《ふんき》する気持ち」を「負けじ魂」

や「負けず魂」という言葉で表現していました。

そして、この「負けじ魂」や「負けず魂」と、「負け嫌い」という言葉が混同されてしまい「負けず嫌い」という言葉になったとされています。「負けず嫌い」の語源には諸説ありますが、「負けじ魂」や「負けず魂」と混同されたという説が有力とされているようです。

つまり、「負けず嫌い」の「ず」は、打ち消しの助動詞の「ず」ではないということ。そのため、「負けず」は「負けない」という意味にはならないのです。「負けず嫌い」は「『負けない』ことが嫌い」なのではなく、「他人に負けることを嫌う性質」を意味しているのです。

さて、「負けず嫌い」と言い方や書き方が似ている言葉では、「食わず嫌い」があります。こちらは、「食う（食べる）」という動詞に打ち消しの助動詞「ず」が付いた言葉です。「食わず」、つまり「食べたことがない」のに、「その食べモノを嫌いだと決めつけてしまうこと」を意味します。

コラム 日本語の教室から2

お国柄が表れる動物を使った表現あれこれ

本書でも紹介した「馬が合う」や「馬の骨」のように、日本語には動物が登場する言葉がいくつかあります。「馬」の他にも、「あいつは、この業界の一匹狼だ」、「あいつの営業成績は、飛ぶ鳥を落とす勢いで伸びている」というように、狼や鳥など、じつにさまざまな動物を使った表現があります。

こうした動物を使った表現は、もちろん外国語にもあります。面白いのは、その国の文化などの「お国柄」によって動物のイメージが異なり、それが表現に反映されているところ。

例えば、日本語で「働き者」を連想させる動物といえば、「あの人は、働き蜂《ばち》だ」というときの「蜂」や、「若い頃は毎日、馬車馬のように働いた」というときの「馬」

でしょう。

英語でも、「蜂」や「馬」は働き者を示す比喩《ひゆ》に使われますが、もう一つ、ペットとして人気の「犬」も「働き者」のイメージです。「work like a dog」と言えば、「休む間もなく、一生懸命に働く」といった意味。日本語では、犬に働き者のイメージはあまりないように思います。これは、もともと牧羊犬が、羊の群れを追い立てるために休む間もなく走り回っている様子に由来する表現とされています。

また、犬と並んでペットとして人気の猫も、英語では「9回も生まれ変わる」ような「しぶとく」、「執念深い」動物というイメージがあるようです。それが、「A cat has nine lives」という表現。直訳すると「猫は9つの命を持つ」となります。日本語でも、「A cat has nine lives」に由来して「猫に九生あり」という言葉が生まれたり、「猫を殺せば七代祟《たた》る」と言われたり、執念深いというイメージはあるようです。ただし、日本語で「猫」と言えば、「孫を猫かわいがりする」

や「借りてきた猫のようにおとなしい」、「猫をかぶる」など、「親しみのある」、「おとなしい動物」として慣用句に登場しています。

さらに、英語で「cat and dog」と言えば、「絶えずケンカや騒動を引き起こしているさま」を示すなど、英語ではどうも「おとなしい動物」というだけではなく、違ったイメージで使われることが多いようです。

3章

「さようなら」で、どうしてグッドバイの意味になるの？

▽「そもそもどういう意味？」で答えに詰まる日本語19

そもそもどういう意味？

1 「おはよう」「こんにちは」ってそもそもどういう意味？

日本では、朝会った人に「おはよう」、日中に会った人に「こんにちは」と挨拶します。普段、深く考えずに使っている挨拶の言葉ですが、「おはよう」や「こんにちは」には、もともとどんな意味があるのでしょうか。

「おはよう」は、「お早く、起きられましたね」や「（ある場所に）お早く、お着きになりましたね」などというときの「お早く」が音変化して「おはよう」になった言葉です。

「こんにちは」の由来は、「今日（こんにち）は、ご機嫌いかがですか？」や「今日（こんにち）は、良い日ですね」などに使われる「今日は」です。これが「こんにちは」になりました。ちなみに、「こんにちは」を「こんにちわ」と書く人もいますが、言葉の由来から考えると、正しくは「こんにちは」です。

それでは、この「おはよう」と「こんにちは」、何時までが「おはよう」で、何時からが「こんにちは」になるのでしょう。例えば、午前10時から会議があるとき、集まった人たちへの挨拶は「おはようございます」がいいのか、「こんにちは」がいいのか、迷いませんか。

NHK放送文化研究所が、「テレビで出演者があいさつする場合に『おはようございます』は何時まで言ってもかまわないか」と調査したところ、「午前9時まではよい」と考える人が約90%だったのに対し、「午前10時まで」は約64%でした。午前10時になると、約3分の2の人が「よい」としつつも、3分の1以上が「おはようございます」に違和感を覚えるようです。

そう考えると、午前10時の会議の挨拶は難しいところ。30人参加するとしたら、10人以上は「おはようございます」に抵抗を感じるかもしれません。この調査では、50代や60代と年齢が上がるにつれ「よい」の割合が下がっています。参加者の顔ぶれを見たほうがいいかもしれませんね。

そもそもどういう意味？

2 別れ際に言う「さようなら」って もともとはどんな意味？

日本語での挨拶の言葉には、前述した「おはよう」、「こんにちは」のように、もともとは長い言葉だったものが省略されて短くなったものが多くあります。

別れ際の挨拶の「さようなら」も、もともとは「然様（さよう）ならば、もう帰ります」や、「然様ならば、これにて御免《ごめん》」など、帰り際の挨拶が短くなったものです。「然様ならば」とは、「それでしたら」や「それなら」、「そうなら」といった意味合いの接頭語です。

つまり、「さようなら」とは、「然様ならば」が「さようなら」に変化したもの。そうなると、「さようなら」のもともとの意味は、「そうでしたら」や「それなら」となってしまいます。じつは、あまり深い意味を持たない接頭語だったのです。

そもそもどういう意味？

3 人に何かを勧めるときに使う「どうぞ」本来はどういう意味？

電車で席を譲るときに「どうぞ」。相手から「これ借りていいですか」と聞かれたときも「どうぞ」。日常会話でよく使う言葉ですが、そもそもはどんな意味なのでしょうか。

「どうぞ」は、副詞の「どう」と助詞の「ぞ」が組み合わさった言葉です。外国人の生徒さんには、その意味や用法は大きく3つあると説明しています。

まず、「どうぞ、お願いいたします」などと丁寧に物事を頼んだり、自分の願いが叶うようにと祈る気持ちを表現するとき。「どうか」や「なにとぞ」などと同じ意味です。

もう一つは、相手を促したり何かを勧めたりするときに使う「どうぞ」です。「お茶をどうぞ」、「どうぞお座りください」などと使います。

さらに、相手からの依頼や聞かれたことに対し、許可を与えるときにも使います。「このお菓子、食べてもいいですか」「はい、どうぞ」というような使い方です。

そもそもどういう意味？

4 食事を終えたときに言う「ごちそう様」って誰のこと？

「ごちそうさま」は、食事を終えた後の挨拶です。漢字で書くと「御馳走様」。「～様」と書くことから、外国人の生徒さんから「ゴチソウ サマ ハ 誰ニ 言ッテ イマスカ？」と聞かれたことがあります。えらい人や目上の人を指すのではないかと言うのです。

「ごちそうさま」は、食事を振る舞ってくれた人に対する感謝の気持ちを伝える言葉として使います。「ごちそう」は、「馳走」という言葉に丁寧語の「ご」がついたもの。「馳走」の本来の意味は、「走り回ること」や「奔走すること」です。スーパーや商店街がない昔は、今と違って食事の準備は大変でした。お客様をもてなすためには、あちこち走り回って食材を集める必要がありました。

そこから転じて、「ごちそう」は、食事などを出して客をもてなすことや、もてなすための料理を指し、今では「おっ、スキヤキか。今夜はごちそうだね」などと使います。

この「ごちそうさま」は、もともとは仏教由来の言葉で、「ごちそうさま」とは「韋駄天《いだてん》」のことという説があります。韋駄天は、足が速いことで知られるバラモン教の神様ですが、古代インドではお釈迦《しゃか》様の骨が盗まれたときに、俊足を活かして犯人を捕らえたという言い伝えがあります。

昔の人が、食事が出されたときに、韋駄天が足の速さを活かして「あちこち走り回って食材を集めてくれた」と考え、感謝の気持ちを込めて「ごちそうさま」と言うようになったとされています。

そもそもどういう意味？

5 「いい迷惑」って言うけど迷惑に「いい」も「悪い」もあるの？

迷惑とは、他人を困らせたり、不快にさせたりする行為のこと。「良くないこと」に決まっているのに、日本語では「いい迷惑だ」という表現があります。この言葉を耳にして、「迷惑に、いいも悪いもあるの？」と不思議に思ったことはありませんか。

「いい迷惑」とは、「自分には関係ないことで迷惑を受けること」。「この忙しいのに電車が止まって、仕事に遅れた。まったくいい迷惑だ」などと使います。いわば、「とばっちり」で迷惑をこうむったときに使う言葉です。

それでは、とばっちりで迷惑をこうむったときに、なぜ「いい迷惑だ」と言うのでしょう。その理由の一つは、日本語では自分の本当の考えや意見、気持ちを「強く主張」するために、あえて反対の意味を持つ言葉を付け加えることがあるからです。いわゆる反語的表現です。「いい」を反語として使うと、「とても悪い」や「とてもひどい」といった意味合いを強めます。「いい迷惑だ」は、「いい」を反語として使い、「非常に迷惑である」意味合いを強めているのです。

反語としての「いい」を使った言葉には、「いいざまだ」や「いい恥さらしだ」などがあります。「いいざまだ」は「ひどい様子だ」、「いい恥さらしだ」は「ひどい恥をさらしている」という意味になります。日本語には反語的な表現がたくさんあり、例えば、怒るときに使う「上等じゃないか！」も、決して相手を上等と褒めている表現ではありません。これは英語でも同じような表現があり、「もう結構だっ」とうんざりしたり、「ああ、そうかよ」「上等だよ」と言うときに、「Fine!（ファイン！）」と言います。

そもそもどういう意味？

6 日本人がよく使う「よろしくお願いします」「よろしく」を「お願いする」ってどういうこと？

相手に物事を頼んだり、うまく取り計らってもらったりするときに使うのが「よろしくお願いします」という言葉。日々の仕事の中でも、「今回の案件、ぜひ、よろしくお願いします」などと言って頭を下げるシーンを見かけることがあるでしょう。親しい人同士の会話では、「お願いします」を取ってしまって、「よろしく」だけで使うこともあります。

「よろしくお願いします」も「よろしく」も、外国人の生徒さんが職場でよく耳にする言葉だけに、「よろしく」の意味を聞かれることがあります。

「よろしく」は形容詞の「よろしい」の連用形で、「ちょうどよい具合に」や「程よい」といった意味を持ちます。「よろしくお願いします」とは、「ちょうどよい具合に」取り計らっていただけますよう「お願いします」といった意味を示しています。

また、「よろしい」は「良い」の丁寧な言い方ですが、「優れている」という意味合いだけではなく、その度合いや程度が「許容範囲である」ことを示しています。いわば「まあ、許せる範囲だな」というような意味合いです。

そこから、「よろしい」は「許容する」という意味合いを持ち、相手の申し出に対して承諾を与える言葉としても使われるようになりました。さらに転じて、相手に対して承諾を求めるときにも「よろしくお願いします」や「よろしく」と使われるようになっていったのです。

そもそもどういう意味？

7 「よろしくご検討くださいませ」は、じつは失礼!?「ませ」ってどういう意味？

仕事などで、「当社の企画案、何卒、よろしくご検討くださいませ」などと言うことがあります。この「ませ」には、そもそもどんな意味があるのでしょう。

「ませ」は、丁寧の助動詞である「ます」の命令形で、「相手にある動作をしてもらうように丁寧に要求する」意味合いを持ちます。「今度のお休みには、ぜひうちに遊びにいらっしゃいませ」と言えば、相手に「いらしてくれるように丁寧に要求」する意味合いも持ちます。

そう考えると、「何卒、よろしくご検討くださいませ」の「ませ」も検討してもらうことを「丁寧に要求」しています。そのため、「相手に対して失礼になる」と、ビジネスで使うときには「ご検討ください」までにとどめて、丁寧とはいえ要求する「ませ」を使わないというルールを定めている会社もあるようです。

ところで、外国人の生徒さんは、この「ませ」をレストランなどに入ったときの「いらっしゃいませ」という挨拶でよく耳にしているようです。このときの「ませ」には、「丁寧に要求している」意味合いは薄れていると考えられます。「いらしゃいませ」ひと続きで、「どうぞお入りください。英語で言えば〝Please come in〟といった意味です」と説明したことがありますが、「席ニ　着イテカラモ　言ワレマス」と切り返されました。

「いらっしゃいませ」の「いらっしゃい」は、「行く」、「来る」、「居る」の尊敬語である「いらっしゃる」の連用形「いらっしゃり」が音変化した言葉です。この言葉に「ませ」が付いたのが「いらっしゃいませ」ですが、江戸時代からお客を呼び込むときの言葉として使われていたとされています。それが定着して、人が訪ねてきたときやお客が来店したときの歓迎の言葉として使われるようになったのです。

そもそもどういう意味?

8 「御（おん）の字だ」は本来「一応、納得できる」レベルのことじゃなかった?

「言葉は生きている」と言いますが、「御の字だ」という言葉はその代表格の一つと言えるでしょう。辞典によると、「御の字」のもともとの意味は「極上のもの」や「最上のもの」、「とくに優れたものや人」を示しています。そこから転じて、「御の字だ」と言えば、「この上なくありがたい」ことを示す言葉として使われていました。

ですから、「御の字」とは、どういう意味かと問われれば、もともとは「大いにありがたい」という意味です。「御」という字が付く言葉には、「お集まりの皆様に厚く御礼申し上げます」の「御礼」のように、最上級の尊敬を示す意味が含まれているのです。

ところが、文化庁の「平成30年度 国語に関する世論調査」の結果では、本来の「大いにありがたい」ではなく、「一応、納得できる」という意味と理解している人が約

5割に達しました。

世論調査では、「70点取れれば御の字だ」という例文を挙げて、その意味を尋ねていますが、「大いにありがたい」と回答した人が36・6%だったのに対し、「一応、納得できる」が49・9%。しかも、16歳から60歳以上のすべての年代において、「一応、納得できる」という回答が「大いにありがたい」を上回ったとのこと。

このことから、外国人の生徒さんに「~だったら御の字だ」の意味を聞かれたときには、本来は「大いにありがたい」という意味でしたが、今では「一応、納得できる」、「なんとか納得できる」、「最悪とは言えない」といった意味でも使いますと説明しています。

そもそもどういう意味？

9 うまくいかないとき「ケチがついた」と言うけど「ケチ」とはそもそもどういうこと？

縁起の悪いことが起きたり、良くないことで物事がうまくいかなかったりしたときに、「ケチがつく」と言います。「テーマパークのオープン初日に機械トラブルなんて、ケチがついたね」などと使います。この「ケチ」とは、もともとどんな意味なのでしょうか。

「ケチ」とは、「不吉なこと」や「縁起の悪いこと」という意味です。由来には、もともとは不吉な出来事や奇怪《きかい》な事件を意味する「怪事（けじ）」が音変化したとする説や、普通と違っている様子を示した「異（け）」から派生したとする説があります。

ところで、「ケチがつく」の他にも、「ケチをつける」という言い方もあります。「あの上司は、部下の提案にいつもケチをつける」などと使います。これは、「不吉なこと」ではなく、「難クセをつける」といった意味です。

そもそもどういう意味？

10 「朝っぱらから」の「ぱら」って何を指している？

休日の朝、突然、玄関のチャイムがピンポーン！ そんなとき「まったく、朝っぱらから誰だろう」と思うことがあるでしょう。

この「ぱら」とは、そもそもどんな意味があるのでしょう。

これは「朝腹（あさはら）」が転じた言葉で、朝食前の「空《す》き腹」のこと。よく「空きっ腹にお酒を飲むと、酔いが回る」などと言いますが、その「空きっ腹」のことです。

つまり、「朝っぱら」とは、もともと「まだ朝食もとってなく、お腹が空いている状態」のこと。そこから、「朝食もとっていないほどの朝早く」という意味合いを持つようになり、現在の「早朝」や「朝の早い時刻」を示すようになりました。

日常会話では、どちらかと言えば、好ましくないことや、起こるはずのないことが起きてしまったことを忌々《いまいま》しく思ったり、非難する意味を込めて使うのが一般的です。

そもそもどういう意味？

11 「あいにく山田は席を外しております」の「あいにく」の意味は？

「あいにく、雨降りですね」と「残念ながら、雨降りですね」はどちらもおかしくありません。「あいにく、山田は席を外しております」も普通に聞こえますが、来訪した会社の受付で「残念ながら、山田は席を外しております」と言われたらなんか違和感を覚えませんか。

「あいにく」と「残念ながら」は、どう使い分けたらいいのでしょうか。

「あいにく」とは、古語の感動詞である「あや」に「憎（にく）い」がついた「あやにく」という言葉が変化したもの。もともとは「ああ、憎らしいことに」と悔しがったり、残念がったりする様子を表現し、そこから、「期待にそぐわない状態」や「目的をうまく成し遂げられない様子」を示す言葉に転じました。

「あいにく、雨降りですね」は、晴れるという期待にそぐわないことを表現しています。「都合の悪いことに」や「折り悪く」といった意味も持ち、「あいにく同窓会に参加できなかった」と自分のことにも、「明日から旅行だね。あいにく雨らしいよ」などと相手のことにも使えます。

それに対し、「残念ながら」は、相手が残念がることを見越して、相手に対する「思いやり」を込めた表現と言えます。例えば、「残念ながら、駅前再開発の工事を受注できなかった」には、一緒に取り組んできた同僚を思いやる気持ちが含まれています。

そこで、「残念ながら、山田は席を外しております」を考えてみます。言葉としてはおかしくありませんが、それほど親しい間柄ではない受付の人から「残念ながら」と思いを込められることに若干の違和感を覚えてしまうのです。

そもそもどういう意味？

12 「すれ違い」と言うけど「すれ」が違うってどういうこと？

わずかな差で行き違いになって会えないことを「すれ違い」や「すれ違う」と言います。「すれ」と「違い」が組み合わさってできた言葉ですが、「すれ」には一体どんな意味があるのかと、疑問に思う人もいるでしょう。

「すれちがい」を漢字で書くと「擦れ違い・摩れ違い」。「擦れ・摩れ」には「こすれる、こする」という意味があります。つまり、身体がこすれ合うほど近くにいるにもかかわらず、行き違って出会うことができない状態を示した言葉が「すれ違い」です。

「すれ違い」の意味を調べてみると、国語辞典では「触れ合うほど近くを反対方向に通りすぎること」とされています。反対方向に通り過ぎるだけではなく、「身体が触れるほど近いところ」というのがポイントですね。

「すれ違い」には、ほかにも「時間や位置などがずれて、会えるはずが会えないこと」

という意味もあります。恋愛ドラマなどで描かれる、夫婦や恋人のすれ違いなどがこれにあてはまるでしょう。夫婦や恋人という、本来ならもっとも近しい関係であるにもかかわらず、なんらかの原因で行き違ってしまい、会えなくなってしまうから「すれ違い」なのです。

もう一つ、「すれ違い」には、話し合いの論点や議論が「かみ合わない」といった意味もあります。「営業方針を決める会議は、議論がすれ違いのまま終わった」などと使います。

そもそもどういう意味？

13 「メリハリをつける」って言うけど「メリ」と「ハリ」って何のこと？

「メリ」を漢字で書くと「減り」、「ハリ」は「張り」です。この場合の「減り」とは、量が減ることではなく、張っていたものが「緩む」という意味。つまり、「メリハリ」とは「緩むことと張ること」の意味になります。そこから転じて、物事の「強弱をはっきりさせる」こと、話し方などでは「抑揚《よくよう》をしっかりつける」といった意味でも使われるようになりました。「仕事とプライベートを使い分けて、生活にメリハリをつけよう」などと使いますが、これは、緊張しがちな仕事の時間と、リラックスできるプライベートな時間のバランスをうまくとりましょうということですね。

ようするに「メリハリ」をつけるとは、「力の入れどころと抜きどころ」をしっかり区別するということです。

この「メリハリ」はもともと、雅楽《ががく》や神楽《かぐら》など日本の伝統的な音楽である邦楽の用語が語源になっているとされています。邦楽では、おもに尺八など管楽器の音を調整して低くすることを「メル（減る・める）」、反対に高くすることを「カル（甲る・かる）」と言います。低くなった音を「メリ音」、高くなった音を「カリ音」と呼び、音を調整して高低をはっきりつけることを「メリカリ（をつける）」と言っていました。

一方、弦楽器では、音を高くするときに弦を張ることから、「カル（甲る・かる）」ではなく「ハル（張る・はる）」となります。そこから、物事の「強弱をはっきりとさせる」こと、「力の入れどころと抜きどころ」をしっかり区別するといったことを「メリハリをつける」と表現するようになったとされています。

そもそもどういう意味？

14 「二の腕」は力こぶのあるところでは、「一の腕」はどこ？

身体の部位を示す言葉は、日本語学習のわりと初期の段階で、必要に応じて教えます。発音が似ている「肘《ひじ》と膝《ひざ》」や「眉毛とまつ毛」は、つい言い間違えてしまう外国人の生徒さんが意外に多くいます。

日本語では、肩から手首までを「腕」、手首から先を「手」と言います。英語で腕は「arm（アーム）」、手は「hand（ハンド）」なので外国人の生徒さんもピンとくるのですが、日本語では、さらに細かく、肩から肘までを「二の腕」と言います。そうなると、ほぼ確実に「一ノ腕ハドコデスカ？」と聞かれます。さて、「一の腕」とはどこでしょうか。

じつは、昔は、肩から肘までの部位、現在の「二の腕」のことを「一の腕」、肘から手首までを「二の腕」と呼んでいたそうです。ところが、いつの間にか「一の腕」

という言葉が使われなくなり、肩から肘までを「二の腕」と呼ぶようになったとされています。つまり、現在では「一の腕」はないということです。解剖学の用語では、肘を境に腕を分けて、肩から肘までを「上腕」、肘から手首までを「前腕」と言います。

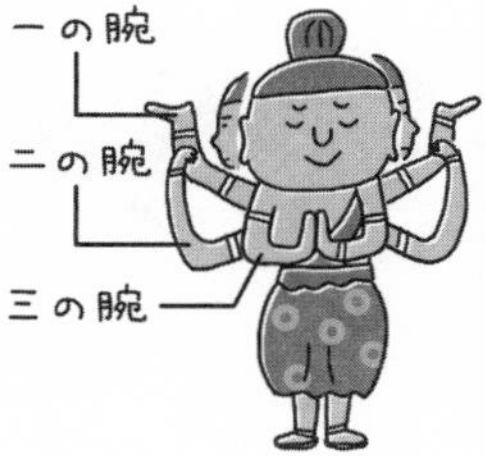

そもそもどういう意味？

15 「おもてなし」とは「表がない」って意味だった？

今や日本の文化ともいえる「おもてなし」の心。日本人が持つメンタリティとして世界中で知られています。

「おもてなし」とは、客に対して「心を込めて接し、気遣い、歓待すること」と言えます。外国人の生徒さんには、より具体的にイメージしてもらうために、「お客様への態度や振る舞いに細かく気を使い、提供する料理なども丁寧に心を込めて作るといったことです」と説明しています。

「おもてなし」とは、もともと「もてなし」という言葉に、丁寧な言い方をするときに使う接頭語の「お」がついた言葉です。つまり、「もてなし」の丁寧語。「もてなし」は「持って成す」が語源で、「ある人を丁寧に扱う」、「心を込めて客のお世話をする」といった意味です。「ブータン国王を国賓としてもてなす」というように使います。

もう一つ、「おもてなし」には、「表（おもて）なし」、つまり「表裏がない様子」を語源とするという説があります。「表裏のない心」で客を迎え、歓待することから「おもてなし」という言葉になったというのです。

いずれにせよ、この「おもてなし」という言葉は、英語では「hospitality（ホスピタリティ）」と訳されることが多いようです。

このことから「service（サービス）」が、サービス料やチップなどの対価を求めるのに対し、「hospitality（ホスピタリティ）」である「おもてなし」は、もてなす側が自発的にする行為、対価を求めずにする行為と言えるでしょう。こうした説明は、外国人の生徒さんにもわかりやすいようです。

そもそもどういう意味？

16 「おいしい」は「いしい」に丁寧語の「お」が付いた言葉だって知ってた？

丁寧語の中でも、言葉に「お」や「ご」をつけて表現するものを美化語と言います。「お」と「ご」の使い分けについては、5章で説明していますが、「お食事」、「お名前」や「ご連絡」、「ご挨拶」などと使います。

美化語は、話しているものに「お」や「ご」をつけて、上品に表現します。同時に、そうした丁寧な表現を通じて、話している人の品格を高めるという働きもあります。

美化語には、普段から何気なく使っているために、美化語とは気づきにくいものも多くあります。例えば「おにぎり」、「おでん」、「お帰りなさい」など。言われてみれば、いずれも「お」が付いたことで丁寧な言い方になっているとはわかりますが、普段の会話で「にぎり」と言えば寿司になるし、おでんを「寒いね。『でん』でも食うか」はピンときません。「お帰りなさい」と出迎えるときに「帰りなさい」では、おかしな命令になってしまいます。いずれも「お」を取って使うことがほとんどないので、美化語であることは、あまり認識されていないかもしれません。

「おいしい」も、同じように美化語です。これは、もともと「お＋いしい」という言葉。つまり、「いしい」を丁寧に、上品に言ったのが「おいしい」なのです。それでは、「いしい」とはどういう意味でしょう。

「いしい」はもともと、女房詞《にょうぼうことば》で「味が良い」ことを意味します。女房詞とは、室町時代初期の頃から宮中に仕えていた女房たちの間で使われ始めた一種の隠語のようなものとされています。水のことを示す「おひや」、青色の野菜を示す「あおもの」、里芋の「衣《きぬ》かつぎ」といった女房詞は、現在でも通用しますね。ちなみに味噌汁の美化語「御味御汁（おみおつけ）」も女房詞です。こうした女房詞の中の「いしい」に「お」がついて「おいしい」という美化語になりました。

そもそもどういう意味？

17 「醍醐味（だいごみ）」ってどんな味のこと？

醍醐味という言葉を国語辞典で調べてみると、「本当の面白さ」や「深い味わい」「神髄」といった意味があることがわかります。例えば、「お客様に喜んでもらえること、それがこの仕事の醍醐味です」などと使います。日常会話の中で醍醐味という言葉を使うときには、「どんな味なのか」などとは考えず、本当の面白さや神髄、一番の魅力といった意味合いで使うことが多いでしょう。

ただし、醍醐味には「味」という漢字が使われているように、もともとは「醍醐」の「味」という意味。それでは、この醍醐とは、いったいどんなもので、どんな味がするのでしょうか。

醍醐とは、仏教用語で、牛乳や羊乳を精製した濃厚で奥深い味わいのある液体のこと。つまり「乳製品」です。仏教では、乳製品が発酵する段階を「乳（にゅう）」「酪（らく）」

「生酥（しょうそ）」「熟酥（じゅくそ）」「醍醐」の五段階に分け、それら五つの味を「五味（ごみ）」と呼んでいました。段階が進むほど上質な味わいとなり、「醍醐」が最上の味を持つとされていたのです。つまり、極上の乳製品だけが持つ「最上の味」、それが「醍醐味」。そこから転じて、現在のような使われ方をするようになったとされています。

そもそもどういう意味？

18 今ではいろいろな意味に使われる「やばい！」もともとの由来は？

「やばい！　会議に遅刻する」、「やばい！　電話し忘れた」など、日常生活の中で、よく耳にするのが「やばい」です。

もともとは何か不都合なことが起きたときに使いますが、最近では片仮名で表記することもあって、「あの店の大盛カレー、量がヤバクね？」など、驚いたときや想像以上のことが起きたときなどにも使います。

さまざまな場面で使われるので、「もともとはどういう意味なのか」、だんだんわからなくなってきたという人もいるのではないでしょうか。

「やばい」は、形容動詞の「やば」に「い」が付いた形容詞です。「やば」とは、都合の悪い状況や危険な状況を示します。国語辞典によると「やばい」のもともとの意味は、「危険や不都合な状況が予測されるさま」とされています。

ただし、「やばい」の語源には諸説あります。江戸時代には牢獄や危険な場所を「厄場（やば）」と呼んでいたことから、そこから転じて「やばい」と使われるようになったという説や、「危（あや）うい」が「あやぶい」となり、そこから音が変化して「やばい」となったという説などです。

そして、2000年代に入ると、当時の若者言葉として「素晴らしい」や「魅力的」といった意味合いで使われるようになりました。

今では、スイーツ好きの女子がケーキを一口食べて、「このケーキ、やばい！」と言えば、「素晴らしくおいしい」ということになるでしょう。

このように、「やばい」は、都合の悪いときにも、逆に想像をはるかに超えた素晴らしい状態にあるときにも使われるようになっています。

そもそもどういう意味?

19 「ワクワクする」の「ワク」ってどういう意味?

「ワクワク」のように、同じ言葉を重ねて使う表現が日本語には数多くあり、「畳語」と言うことは前述しました。「難しい仕事なのに、やすやす(易々)とやってのける」、「社長はいつも、ながなが(長々)と挨拶する」などと使います。

この畳語には、「木々」や「山々」のように名詞を重ねて複数であることや連なっている様子を示すものや、「重ね重ね」や「休み休み」、「見る見る」のように動詞を重ねて反復や継続、強調を示すもの、「まるまる」や「寒々」、「青々」のように形容詞を重ねて、意味合いを強調するものなどがあります。また、「キラキラ」や「どんどん」など、擬音・擬態語を重ね、その状態を強調する畳語も数多くあります。

「ワクワク」も、「湧く」という動詞を重ねた畳語です。「湧く」は、ある感情が生じる様子や、地中から水が噴き出るさまを示します。つまり、「ワクワク」とは、「期待や喜びで気持ちが高ぶり、心が落ち着かない様子」を意味する言葉です。

さて、「ワクワク」と似た意味を持つ畳語に、「ウキウキ」と「ドキドキ」がありま す。これらは、どう使い分けたらいいでしょうか。

外国人の生徒さんには、「ワクワク」は、「新商品の発売が間近でワクワクする」と いうように、「近い将来に起こると予測されることへの期待や喜び」を表現する意味合いが強いと説明しています。

それに対し、「ウキウキ」は「浮く」という動詞を重ねた畳語です。「楽しさで心が軽く、気持ちが弾《はず》む」ような「今の気持ちの状態」を示すと説明しています。

一方、「ドキドキ」は、驚いた様子を示す擬態語の「ドキッ」の畳語で、驚きや不安などで、まさに心臓の鼓動が速くなる様子を示します。「不安でドキドキする」とは言いますが、「不安でワクワクする」や「怖くてウキウキする」とは言いません。

コラム　日本語の教室から3

「目からウロコ」「豚に真珠」「狭き門」……日本語の慣用句のようでじつは違う言葉たち

普段から日本語として使っている言葉でも、その語源をたどっていくと、古代の中国の故事やインドの逸話、さらにはキリスト教の聖書の一節に由来しているものが数多くあります。

例えば、「目から鱗《うろこ》が落ちる」。これは、あることがきっかけとなって、物事の状況や事態が急によく見えるようになり、理解できるようになることです。新約聖書の「使徒《しと》行伝《ぎょうでん》」の一節で、キリスト教を迫害していたサウロ（パウロ）が天からの光で目が見えなくなり、それをイエスにつかわされたアナニヤが手を当てて治したことに由来しています。手当てを受けたサウロの目から「魚のうろこのようなもの」が落ちて、突然、目が見えるようになったことが記されています。

また「豚に真珠」も新約聖書の「マタイによる福音書」に記された「豚に真珠を投げ与えてはいけない」といった一節に由来しています。日本語では、「物事の価値がわからない人に、値打ちのあるモノを与えても、その価値がわからないので無駄になる」という意味合いの慣用句として使われています。この言葉が新約聖書に語源があることを知らずに、「日本語では『豚に真珠』と言ってね……」などと外国人の生徒さんにとうとう説明してしまうと、（もし、その生徒さんがキリスト教に詳しかったら）「知ッテマス 聖書ノ 言葉 デショウ」となってしまいかねません。

その他にも、日本語では「超難関」を示す「狭き門」。「あの中高一貫校に合格するのは、狭き門だね」などと使います。これも「マタイによる福音書」、「ルカによる福音書」に記されたイエスの言葉を語源としています。そこには、「狭き門から入りなさい」と記され、滅亡に通じる門は広いが命に通じる門は狭く、見つけることも難しいといったことが書かれています。

同じく「マタイによる福音書」に書かれた一節に由来するものに「砂上の楼《ろう》閣《かく》」があります。これは、「私の言葉を聞くだけで実行しない者は、砂の上に家を建てた愚かな人に似ている」というイエスの言葉が語源です。日本語では、「基礎がしっかりしていないために崩れやすいモノや状態」を示し、「新規プロジェクトは、まるで砂上の楼閣だ」などと使います。「実現不可能」という意味も含みます。

このように、もともと日本の慣用句と思われていても、その由来がキリスト教にある言葉も多くあります。日本語に限らず、言葉というものは、さまざまな国や地域の文化や風習の影響を受けながら、絶えず変化を続けているのですね。

4章

「山々（やまやま）」とは言っても、「川々（かわかわ）」と言わない理由は？

▽「違い」を聞かれても答えられない日本語15

その違いはいったい何？

1 「山々（やまやま）」と言うけど「川々（かわかわ）」と言わないのはなぜ？

山が連なっている景色を見て「山々がきれいだ」とは言いますが、同じように「々」をつけて「川々が美しい」と言うとおかしな表現になります。人が多く集まっているのは「人々」ですが、鳥が群れをなして飛んでいるのを見て「鳥々」とは言いません。なぜでしょうか。

同じ言葉を繰り返して複数を表現する言葉を「畳語」と言いましたね。「山々」や「人々」、「木々」、「花々」なども畳語になります。畳語に関する研究では、「鳥々」や「虫々」、「砂々」などがおかしいように、重なる言葉が「ざっくりとひとまとまりでしか認識されない」場合には、畳語になりにくいと考えられています。

それに対して、「山々」は、高い山や低い山、尖った山などさまざまな形状の山が連なっている光景を示します。「ざっくりと山をひとまとめ」にしているのではなく、それぞれを違った山として認識しています。同じように、「人々」は、それぞれの人を異なる存在として、「山の木々」や「公園の花々」では、木や花の種類や形がさまざまにあること認識して表現していると考えられます。

そこで、「川々」ですが、川にも水量が豊かであったり少なかったりと違いはありますが、現実的にさまざまな川を一度に見渡せる状況はあまりないでしょう。そのため、「川々」は馴染《なじ》みのない表現になったと考えられています。

馴染みがないと言ったのは、じつは、「川々」という表現、あるにはあるからです。明治・大正時代の詩人で児童文学者の山村暮鳥《やまむらぼちょう》の「春の河」という詩に、「春は 小さな川々まで あふれている」という一節があります。

その違いはいったい何？

2 「重い」と「重たい」は同じ意味？ それとも違う意味？

外国人の生徒さんから、荷物を運んでいる人に重いですかと聞いたら、「重たい」という答えが返ってきたという話を聞きました。そこで、「重い」と「重たい」は、「何ガ違イマスカ？」という質問です。どこが違うのでしょうか。

「重い」には「日方が多いこと」や「動きが鈍いこと」という意味があります。「重たい」も同様に「日方が多いこと」や動きや口調が「軽快でないこと」といった意味があります。つまり、意味としてはほぼ同じと言えそうです。

それではどこが違うのか。NHKの放送文化研究所のウェブサイトに、その答えのヒントとなるようなことが書いてありました。それによると、「重い」よりも「重たい」のほうが、話し手の「実感がこもっている」とのこと。確かに、「この荷物、持てる？重いよ」と言うのと、「この荷物、持てる？ 重たいよ」では、「重たいよ」のほうが、話し手が「重いと感じている」という気持ちが伝わってくるでしょう。「眠い」と「眠たい」、「煙い」と「煙たい」の違いも同様と考えられます。

また、実感がこもっているという点に着目すると、「一円玉より十円玉のほうが重い」とは言えますが、「一円玉より十円玉のほうが重たい」とは使いにくいとも説明しています。一円玉も十円玉もどちらも軽いものなので、話し手が「重たい」と実感するとは考えにくいからです。

そう考えていくと、例えば目上の人からのアドバイスが心に響いたときなどには、「あの人の言葉は重い」ではなく、「あの人の言葉は重たい」と言ったほうが、そのアドバイスのありがたさがより伝わるでしょう。

なお、「重い」と「重たい」の違いを、地域差によるものとする考え方もあるようです。

その違いはいったい何？

3 「町」と「街」違いを説明するとしたら？

どちらも、「住宅や商店が集まり、人々が暮らす場所」という意味を持ちます。「町」と「街」、どう違うのでしょうか。

「町」と「街」では、言葉の成り立ちが少し違います。「町」は「田」が付くことからもわかるように、もともとは、田んぼを中心に人が集まってきた場所という意味合いを持っていました。一方の「街」は、「商店街」や「住宅街」、「歓楽街」などの言葉に使われるように、もともとは、大きな通りがあり、その通りを中心に住宅や商店が整備された場所という意味合いがあります。英語では、町は「town」や「city」と訳せますが、街は「street」とも訳します。

また、「町」と「街」を行政の単位で区別すると、「町」は「市」より小さく「村」より大きい地方公共団体です。「街」には行政上の単位を示す意味はありません。

その違いはいったい何？

4 「細かいことに気を配り」「小さいことは気にしない」「細かい」と「小さい」の使い分けは？

「キミは報告書を細かく書き過ぎる」と言えば、詳しく書きすぎている意味合いになり、このときに「キミは報告書を小さく書き過ぎている」と言うと、おかしな表現です。「細かい」と「小さい」は、そもそもどんな意味を持つのでしょう。

「細かい」とは、「いくつか集まってひとまとまり」になっている中の、「一つひとつが非常に小さいこと」を意味します。一方「小さい」は、さまざまなモノの面積や容積、数量、程度などが小さいことを示します。つまり、細かいは「ひとまとまり」になっているときに使います。「細かい字だなぁ」と目を細めるときは、「小さい」字がいくつも集まり「ひとまとまり」になっている状態です。紙に一文字だけ小さな字で書かれている場合は「小さな字」で、「細かい字」とは言いません。

その違いはいったい何？

5 「ひとつよろしくお願いします」の「ひとつ」は、「一つ」「1つ」「ひとつ」どう書くのが正しい？

「七転び八起き（七転八起・しちてんはっき）」や「石の上にも三年」、「一か八か」など、日本語には数字を使った慣用句やことわざが多くあります。これらの言葉を書くとき、「石の上にも3年」や「1か8か」などとは書きません。

ところが、「テーブルの上には、リンゴが一つあります」と書いても「1つ」と書いてもおかしくはありません。それでは、どのようなときに漢数字や算用数字を使うのでしょうか。

日本語には縦書きと横書きがあるので、基本的には縦書きなら漢数字、横書きなら算用数字を使うのが一般的です。

また、漢数字と算用数字の使い分けについて、「他の数字に置き換えられない」場合には、漢数字を使うという考え方もあります。冒頭の例文で示した慣用句やことわざに書かれている数字は、「六転び七起き」や「石の上にも五年」などと、他の数字に置き換えてしまっては意味が通じません。同じように、「人はみな、一人一人、個性がある」といった表現を「三人三人、個性がある」とは言いません。一方、「会費は、一人、いくらですか」といった場合、一人を二人に置き換えることができるので、「1人で5000円」や「2人で1万円」と書くのが一般的とされています。

ちなみに、「ひとつ」には、「ひとつよろしくお願いします」や「今ひとつ調子が出ない」、「ひとつチャレンジしてみるか」など、数を示すのとは違った意味もあります。

これは、「ひとつ」の副詞的な用法で、「どうか」や「ちょっと」、「試しに」といった意味合いです。副詞的用法の場合には、「ひとつ」とひらがなで書くのが一般的です。

その違いはいったい何？

6 「窓を開ける(あける)」「ドアを開く(ひらく)」英語ではどちらも「open」だけど、どう使い分ける？

「窓を開ける(あける)」や「ドアを開く(ひらく)」とは言いますが、「本を開ける(あける)」とは言いません。窓やドアなら「開ける」も「開く」もおかしくないのに、本には「開く」を使います。「開ける」と「開く」はどう違うのでしょうか。

「開ける」は、「空間をふさいでいる仕切りや覆《おお》いなどを取り除く」意味合いを持ちます。例えば、部屋の出入り口のドアや窓にかかったカーテン、瓶詰ジャムや缶詰などは「開ける」と言います。

一方、「開く」は、「本を開く」や「お菓子の包みを開く」のように、重ねてあったり、折り畳んであったり、結び合わせるなどして「閉じてあるものを広げる」という意味合いがあります。

非常にざっくりですが、「開ける」と「開く」のおもな意味合いとして、「開ける」は、仕切りや蓋《ふた》、覆いなど何らか障害になっているものを「取り除く」こと、「開く」は「閉じてあるものを広げる」ことと説明しています。

また、「開ける」は、「～を開ける」というように、目的語をともなう他動詞として使われます（「明ける」と書いた場合は、「夜が明ける」など自動詞でも使います）。

それに対して、「開く」は「～を開く」だけではなく、「花が開く」のように、「～を」という目的語をともなわない、自動詞としても使います。

さらに、「開く」は、「心を開く」のように、わだかまりを取り除いて、物事を前向きに進めようとすることを比喩的に表現するときにも使います。

その違いはいったい何？

7 英語はどれも「put on」で表現する「被る」「着る」「穿く」の使い分けは？

外国人の生徒さんがよく間違えてしまう言い方に、「帽子 ヲ 着マス」や「靴下 ヲ 着マス」といった、衣服などを身につけるときの表現があります。英語なら身につけるモノがどんなものであれ、ほとんどを「put on（プット オン）」で表現できるそうですが、日本語では衣服などを身につけるときの表現がいろいろあります。

帽子は「被《かぶ》る」で、コートは「着る」、ズボンやスカートは「穿《は》く」で、靴は「履《は》く」、マフラーは「巻く」、手袋はおもに「はめる」でしょうか。身につけるモノの種類によって、いちいち、「被るか着るか、なんて言うんだったっけ」と考えていては会話ができません。ルールはどうなっているのでしょうか。

じつは、日本語では、原則として身につける身体の部位によって、「被る」や「着る」、「穿く」、「履く」といった動詞が決まっています。首から上に身につけるもモノ、帽子やヘルメット、覆面やお面などは「被る」と言います。「布団《ふとん》を被って寝る」など、首から上の顔や頭も含めて全身をすっぽり覆う場合にも「被る」を使います。

一方、首から腰の間に身につけるモノは「着る」です。ワイシャツやセーター、スーツやコートなどの上着は「着る」と表現します。

さらに、腰から下の下半身につけるモノ、例えば、ズボンやスカート、ストッキング、靴下などは「穿く」（靴下は「履く」と書く場合もあるようです）、靴やスリッパ、サンダル、スキーなど足につけるモノは「履く」です。

その違いはいったい何？

8 「いっぱいある」と「たくさんある」はどう違うの？

「テーブルの上にリンゴがいっぱいある」と「たくさんある」は、どちらもおかしくありません。ほぼ同じ意味です。

ところが、そのリンゴをどんどん食べて、「もうお腹いっぱい」と言うことはあっても、「もうお腹たくさん」とは言いません。「いっぱい」と「たくさん」は微妙に意味合いが異なります。どう違うのでしょうか。

「いっぱい」は漢字で「一杯」と書きます。ある容器や場所などに「モノが溢《あふ》れんばかりに満ちている状態」を意味します。「パーティー会場は、若い男女でいっぱいになった」、「東向きの大きな窓からは、部屋いっぱいに朝陽が差し込む」などと使います。

一方、「たくさん」は漢字で「沢山」と書き、単純に数量が多いことを示しています。

また、「いっぱい」も「たくさん」も他にもいくつかの意味があります。「ちょっといっぱい（一杯）、やっていくか」と言えば、「いっぱい」は軽くお酒を飲むことを意味し、「もうたくさん」と言えば、「十分すぎてこれ以上はいらない」という意味です。「お説教はもうたくさんだ」、「あんな苦労はもうたくさんだ」などと、「うんざり」といった意味合いで使います。

たくさんあった
スイーツを食べて
お腹いっぱい

その違いはいったい何？

9 「できっこないよ」と「できないよ」では意味がどう違ってくるの？

「あのチームには勝てっこないよ」と「あのチームには勝てないよ」。日常的に日本語を使っている人なら「勝てっこないよ」という表現のほうが、勝てそうもないという実感がこもっているように聞こえるでしょう。これは、「勝てる（勝てます）」に「っこない」が付いた表現です。

「〜っこない」を国語辞典で調べてみると、接尾語として動詞の連用形に付いて、「〜はずがない」や「〜わけがない」という意味を示すことがわかります。「可能性を強く否定する」、「（ほぼ）絶対に不可能」といったことを示します。

つまり、「できっこないよ」は「できないよ」よりもはるかに強く、「できる」という可能性を否定しているのです。

その違いはいったい何？

10 「目」と「眼」はどう使い分けるのが正しい？

外国人の生徒さんの中には、「手と腕」や「足と脚」の違いは理解できても、「目と眼」の違いに戸惑う人が少なくありません。手は「hand（ハンド）」で腕は「arm（アーム）」ですが、目と眼は英語でどちらも「eye（アイ）」です。どう区別したらいいのかと迷うのです。

「目」には、「人を見る目がある」という場合の「洞察力」や、「あの人は見た目が良い」というときの「印象や外観」、さらには、「まったくひどい目にあった」など「経験や体験」といった意味もあります。その他にも「台風の目」など、目の形や、モノを見るという働き、機能から派生した、さまざまな言葉に使われています。

対して「眼」は、おもに医学や生物学など学術的な表現で使われます。ただし、物事の本質を見抜く「炯眼《けいがん》」や、美しさを理解する「審美眼《しんびがん》」といった表現もあります。

その違いはいったい何？

11 「冷えたビール」と言うけど「冷めたビール」とは言わないのはなぜ？

あるとき、ロシア人の生徒さんが「ワタシ サメタ ビール ダイスキ デス」と言いました。「サメタ ビール？」と笑いながらも、「それは、冷えたビールです」と説明しました。

普段から日本語を使っている人なら「冷めたビール」がおかしな言い方であることはすぐにわかります。ところが、「冷めたビールとは言わずに冷えたビールが正しい言い方です」と説明しても、すぐには納得しないのが外国人の生徒さん。「ナゼ デスカ？」と聞いてきます。「冷める（冷めた）」と「冷える（冷えた）」は、どう違うのでしょうか。

それは、「冷める」と「冷える」のそれぞれの使い方を考えていくとわかります。「冷める」は、「スープが冷める」や「コーヒーが冷める」といったときに使います。

つまり、「いったん熱く（温かく）なった状態から、熱が奪われて温度が下がる状態」が「冷める」です。そこから「恋が冷める」や「興奮が冷める」、あるコトに夢中になっていた気持ちが失われたときなどに「熱が冷める」といった使い方もします。

一方、冷えるは、「手足が冷える」や「最近、朝晩が冷える」などと使います。こちらは、普段の温度の状態、常温からさらに温度が下がることを言います。ビールを飲むときには、一度、温めてから「冷ます」のではなく、常温のビールを冷蔵庫などで冷やしてから飲みますね。だから「冷えたビール」が正しい言い方になるのです。

さて、「冷める（冷めた）」「冷える（冷えた）」から派生して、「冷ます」「冷やす」もよく使います。こちらの使い分けも、基本的には「熱くなった状態から温度を下げるのか」、「常温からさらに温度を下げるのか」で考えます。ビールは「キンキンに冷やす」し、スイカも冷やして食べます。熱々のおでんなら、ふうふうと少し「冷まして」から食べるのです。

その違いはいったい何？

12 「お久しぶりです」と「ご無沙汰しております」では何が違う？

仕事でもプライベートでも、長らく連絡していなかった相手に電話やメールをすることは、よくあります。そんなとき、「お久しぶりです」と「ご無沙汰しています」のどちらを使いますか。「お久しぶりです」よりも「ご無沙汰しております」のほうが「より丁寧な言い方」なので、「目上の人には『ご無沙汰しております』を使う」と考えている人も多いようです。間違いとは言い切れませんが、そもそも「お久しぶりです」と「ご無沙汰しております」では意味合いが異なるのです。

まず、「お久しぶりです」は、「前回お会いしてから、しばらく時間が経ちましたね」という意味です。一方、「ご無沙汰しております」は少し違います。本来の意味を理解するには、「沙汰」に注目。ここでの「沙汰」は、「便り・知らせ・音信」で、それらがない状態が「ご無沙汰」です。「ご無沙汰しております」には、「しばらく連絡をせず、申し訳ありませんでした」というお詫びの気持ちが込められているのです。

ようするに「ご無沙汰しております」は、「連絡もしなければ会ってもいない状態」がしばらく続いた後の挨拶です。それに対して、「お久しぶりです」は「連絡はしていたが、実際に会うのは久しぶり」のときに使うのが正しい用法と言えるのです。

ただし、外国人の生徒さんには、仕事ではなるべく「ご無沙汰しております」を使うようにと話しています。丁寧な言い回しに聞こえるからです。「ご無沙汰」に「ご」が付き、「おります」と言うことで、相手を敬《うやま》う気持ちも表現できます。

さて、ここまで教えると必ず質問されることを一つ。「ご無沙汰しております」や「お久しぶりです」は、「どれくらい時間が経ったら使うのか」というもの。毎日顔を合わせている同僚なら3日ぶりに会っても「久しぶり」になるし、毎月定期的に訪問している取引先の人なら1カ月ぶりでも「ご無沙汰しております」はおかしな言い方に聞こえます。使う人の主観にもよるのですが、だいたい「2~3カ月程度、連絡することも会うこともなかったら『ご無沙汰しております』と言うといいでしょう」と説明しています。

その違いはいったい何?

13 「お開きにする」と「終わりにする」英語ではどちらも「over」だけど……

会社で飲み会のときなど、「そろそろ『お開き』にしようか」などと言います。外国人の生徒さんも、同僚と飲みに行ったり、部署の飲み会に呼ばれたりするので、この言葉を耳にすることも多いようです。そこで、気になるのが「ナゼ 終ワリト 言ワナイノデスカ?」ということ。

「お開き」とは、飲み会や宴会、パーティーなどが終了するという意味で使われる言葉です。「終了する」ことなので、「お開き」の代わりに、「そろそろ終わりにしようか」と言っても意味は通じます。ただし、少し違和感を覚えませんか?

それは、飲み会や宴会、パーティーなどの場面で、「終わり」という言葉を使うことの違和感といえるでしょう。もともと、「お開き」は、婚礼など祝宴が終わることを示す言葉です。おめでたい場面で、「終わる」という言葉を使うと、結婚して夫婦となるお二人の関係が「終わる」、婚礼に集まり、これから親族となろうという人たちの関係が「終わる」など、おめでたくないことを連想させてしまいます。そこで、「終わる」という言葉の代わりに「お開き」という言葉を使うのです。

「お開き」と「終わり」のように、婚礼や祝宴、葬儀など特別な場面で「使う言葉」と、「使うことを避ける言葉」が日本語には数多くあります。

「使うことを避ける言葉」を「忌詞《いみことば》」と言います。信仰上の理由や特別な場面での使用を避ける言葉です。

例えば、婚礼などおめでたい場面では、「終わり」の他にも「去る」、「切る」、「戻る」などがあります。いずれも「妻か夫のどちらかが去る」、「縁が切れる」、「実家に戻る」などと、あまりおめでたくないことを連想してしまいますね。

葬儀などの場面では、「重ね重ね」や「重ねて」、「返す返す」、「再び」などは、不幸なことが繰り返されることを連想させるので使用を避けるべきとされています。

その違いはいったい何？

14 「ひそひそ話」とは言うけど「こそこそ話」とは言わない。その違いは？

職場などで、他人が小声で話しているのを耳にすると、つい「自分のことを噂しているのでは」と思ってしまうことはありませんか。そんなとき、「ひそひそ話」とは言いますが、「こそこそ話」や「ぼそぼそ話」などとは言いません。「ひそひそ」、「こそこそ」、「ぼそぼそ」にはどんな意味合いの違いがあるのでしょうか。

「ひそひそ」は、他人が小声で話している様子を示す言葉で、「あの人たちは、いつもひそひそと話している」というように使います。

それに対して「こそこそ」とは、こっそり人目につかないように「行動する」さまを示しています。「あの人は、バツが悪そうに、こそこそと帰って行った」などと使います。

「ひそひそ」も「こそこそ」も、いずれも他人に聞かれたり、知られたりしないで、静かにその行為をする様子を示すときに使います。そのため、外国人の生徒さんの中には、違いに戸惑ってしまう人もいるようです。

そこで、「ひそひそ」とは、おもに話す様子を示し、「こそこそ」は動きの様子を示していると説明しています。

ただし、「ひそひそ」には、他人に知られないように物事をする様子を示す意味合いもありますし、「こそこそ」には「こそこそと話をする」といった使い方もあります。このように例外はあるのですが、違いを理解するには、「ひそひそ」は話に、「こそこそ」は行動・行為に使うと覚えておけばいいでしょう。

それでは、「ぼそぼそ」は、どうでしょうか。「あいつは、いつも、ぼそぼそ話す」というように使います。話し手の声が小さく、低く、明瞭でない様子を示す言葉で、行動や行為ではなく、話し方を示す言葉です。

その違いはいったい何？

15 「500名集まったパーティ」と「500人集まったパーティ」では違うって本当？

レストランで「何名様ですか？」と聞かれると、「2人です」とか「8人ですが、入れますか」などと答えます。「何名様」と聞かれたのに、「2名」や「8名」とは言わずに、「人（にん）」で答えるのが一般的です。なぜでしょうか。

それは、日本語で人数を数えるときに使う「名」と「人」には、使い分けのルールがあるからです。

まず、「名」は、「人」よりは丁寧な言い方とされています。改まった場面や会社の行事、仕事に関連したことで人数を数えるときには、「人」ではなく「名」を使うほうが無難です。「営業部には、何人いますか」と聞くより、「営業部には、何名いらっしゃるのですか」と尋ねるほうが丁寧です。

もう一つ、「名」と「人」の使い分けのポイントとなるのが、「名」は「個人が特定できる場合」に、「人」は「不特定な人たちを数える場合」に使うというルールです。

「あの会社の80周年記念パーティーには、500名も集まった」といった使い方です。パーティーの参加者は、事前の登録や記帳で特定できますね。先に例示した営業部の人数も、営業部のスタッフは個人を特定できます。ですから「名」で尋ねるほうがいいのです。

一方、「人気バンドのライブとあって、アリーナは5万人もの観客で埋め尽くされた」というように、観客を一人ひとり特定できない場合には「人」で数えます。

それ以外にも、講演会や会合の出席者、乗り物の搭乗者などで「定員が決まっている場合」の人数は「名」で数えるといったルールもあるようです。

ただし、ここで説明したのは、あくまでも一般的なルールです。レストランで「何名様ですか」と聞かれて、「4名です」と答えても、おかしくありません。特別に違和感を覚えることもないでしょう。

コラム 日本語の教室から4

「足をすくう」か「足下をすくう」か 身体の一部を使った表現の○と×

日本語では、身体の一部を使った表現が数多くあります。本書でもいくつか紹介していますので、ここでは、そんな表現の中でも、理解やニュアンスの解釈などの点で「やや難易度の高い」言葉を説明します。

まずは、身体の一部である脚や足を使った表現です。「足下《あしもと》をすくわれる」と言う言葉を耳にしたことがあるかもしれませんが、どこかおかしくありませんか？正しくは、「足下」ではなく「足をすくわれる」です。「油断していると、ライバル会社に足をすくわれるぞ」などと使います。意味は、正当とは言えない方法や、卑劣な手段によって不意を突かれて失敗させられてしまう様子を示しています。

ただし、やはり言葉は生きています。少し前の調査ですが、文化庁が2007

年度に実施した「国語に関する世論調査」では、本来、正しいはずの「足をすくわれる」を使う人はわずか16・7％しかいませんでした。それに対し、「足下をすくわれる」派は74・1％にも達していたのです。

このことから現在では必ずしも誤用とは言い切れませんが、本来、正しい表現は「足をすくう」や「足をすくわれる」です。せっかく日本語を勉強するなら正しいほうを覚えておきたいですね。

続いて、物事の要点をパッと見抜いたり、臨機応変に機転が利《き》いたりするのは、「目鼻が利く」のか「目端（めはし）が利く」のか。これも意外に間違えてしまう人がいるようですが、正解は「目端が利く」です。「今度の新人は目端が利くね」とは言っても、「今度の新人は目鼻が利くね」とは言いません。

この言葉については、物事の善悪や本質を見抜く眼力があることを「目が利く」、儲け話やビジネスになりそうなことを素早く嗅《か》ぎ分ける能力があることを「鼻が利く」と言うので、それらが混同してしまったと考えられます。目と鼻が一緒になって「目鼻が利く」とは言わないので覚えておきましょう。一方、「目端が利く」の「目端」とは、その場の状況を見極める機転とのことです。

さらに、危険な目にあうなどしてヒヤリとする様子は「肝を潰す」、「肝を冷やす」のどちらが適切でしょうか。これは、「肝を冷やす」が適切です。「肝を潰す」とは、非常に驚いた様子を示しています。

他にも、「踵（きびす）を返す」と言えば、「さっさと帰ってしまう様子」を意味しますが、「踵を接する」とは、どういう意味でしょうか。これは、物事が間を置かずに続いて起こるさまを示しています。踵とは「かかと」のこと。もともとは、大勢の人たちが、「前の人のかかとにぶつかるくらい」くっついてどんどんやってくる様子を意味したことから、物事が連続して起こるという意味合いになりました。「踵を接してトラブルが発生した」といった使い方をします。

5章

坂道は「おりる」のか？それとも「くだる」のか？

▽「どっちが正しいか」自信が持てない日本語17

どっちを選ぶ？

1 坂道を下に向かうのは「くだる」「おりる」、それとも「さがる」？

「くだる（下る）」、「おりる（下りる）」、「さがる（下がる）」は、それぞれ微妙にニュアンスが異なります。

どれも坂道や階段を上から下に向かうことを示す言葉なので、外国人の生徒さんから、「何ガ　違イマスカ？」と聞かれることがあります。

調べてみると、「くだる」は「坂道をくだる」や「川をくだる」のように、「どこを通って下に移動するか」に重きが置かれた言葉といえます。一方、「おりる」は、下に移動するという行為そのものを表現する言葉です。

例えば、「（犯人は）山道をくだっていった」と言うと、単純に「山道をおりていった」と言うよりも「山道を通って逃げた」ニュアンスが強まります。それに対して、「山をおりる」と言うと、山を上から下に移動すること、下山することを示します。このときに「山をくだる」と言うと少しおかしく聞こえてしまいます。

また、「さがる」には、高い位置にあるものが下へ向かう、ある一点を起点にして下に垂れるという意味があります。「気温がさがる」や「川の水位がさがる」などと使います。

「階段をくだる」、「階段をおりる」、「階段をさがる」は、いずれも使いますが、「階段をくだる」は「階段を通って」の意味が強まり、「階段をおりる」は、単純に下に向かうことを示します。「階段をさがる」は、「もう一段、(階段を)さがってください」などのように、さがる度合いが少ないときに使うのが一般的です。

なお、駅のホームで「黄色い線の内側までおさがりください」という放送をよく耳にします。「さがる」は必ずしも下方向ではなく、「後ろに向かう」ときにも使います。

どっちを選ぶ？

2 階段を上に向かうとき「のぼる」と「あがる」ではどう変わる？

階段を下から上に移動するとき、「階段をのぼる」あるいは「階段をあがる」と言います。

階段なら「のぼる」も「あがる」も使いますが、「富士山にのぼる（登る）」とは言っても「富士山にあがる（上がる）」とは言わないし、「座敷にあがる（上がる）」は使いますが「座敷にのぼる（登る）」とは言いません。「のぼる」と「あがる」はどう違うのでしょうか。

「のぼる」には「意図的に上に移動する」という意味合いがあります。「富士山にのぼる」という場合は、頂上を目指すという意志を持ち、時間も労力も使って上に移動するというニュアンスです。

また、「のぼる」は、「山道をのぼって展望台に行った」というように、「どこを通って上に向かうか」を重視しています。

それに対して、「あがる」は、上に移動した「結果を示す」意味合いが強くなります。「階段をのぼって二階にあがった」と言えば、「階段を通って」上に向かい、その「結果として」二階に着いたことを示しています。

「階段をのぼる」は一段一段上に向かう行為を意味し、「階段をあがる」は階段の上に着いた結果を示すという違いがあるのです。

どっちを選ぶ？

3 柴犬は「しばいぬ」、紀州犬は「きしゅうけん」「犬」はどう読み分けるのか？

一般社団法人ペットフード協会の調査では、日本でペットとして飼われている犬の数は約８９０万匹で、単純計算すると、国民の約12％が飼っていることになります。

さて、日本で最も人気のある犬種のひとつである柴犬は「しばいぬ」と読みますが、和歌山県が原産の紀州犬は「きしゅうけん」。どちらも天然記念物に指定されている日本犬種ですが、その呼び方は「～いぬ」と「～けん」と違います。どんなルールで呼び分けているのでしょうか。

これには、明確なルールはありません。ＮＨＫでは、その犬の原産地など地元の「～犬保存会」など関係団体が用いている呼び方と、一般的な呼び方を考慮して読み方を決めているとのこと。

それによれば、柴犬は「しばいぬ」で、紀州犬は「きしゅうけん」、甲斐犬は「かいけん」、北海道犬は「ほっかいどうけん」です。柴犬は海外でも人気で、英語表記は「Shiba Inu」です。

また、秋田犬は「あきたいぬ」、土佐犬は「とさけん」と呼ぶことが多くなってきていますが、NHKが1990年に実施した調査では、「秋田犬」を「あきたけん」と呼ぶ人が95％にも達したそうです。そこで、NHKでは、秋田犬と土佐犬については、「あきたけん」と「あきたいぬ」、「とさけん」と「とさいぬ」の、どちらの読み方も認めています。

ただし、畜犬団体のジャパンケンネルクラブでの登録名は「柴」や「紀州」だけで、そもそも「犬」がつきません。他の日本犬も同様です。つまり、「〜いぬ」や「〜けん」と呼ぶのは、「犬の通称」ということのようです。

どっちを選ぶ？

4 電話番号の「080」。「ゼロ・ハチ・ゼロ」と「レイ・ハチ・レイ」はどっちで読むのが正しい？

日本語には、複数の読み方を持つ数字があります。例えば、「0」は「ゼロ」や「れい」と読みます。電話番号などの数字を読み上げるときは「ゼロ」なのか「れい」なのか、迷ってしまいませんか。どちらが正しいのでしょう。

数字の「0」は、「何もない」ことを示すインドが発祥の概念とされています。それが、ヨーロッパに伝わり、英語の「zero（ゼロ）」となり、日本に伝わりました。「ゼロ」は英語の読み方です。

一方、「零（れい）」は、中国から伝来した言葉です。NHKの放送文化研究所によると、日本にはもともと、大和言葉の「ひとつ、ふたつ、みっつ」といった数え方があり、それに、中国語の数字の発音を取り入れた「イチ、ニ、サン」という読み方が加わったとされています。「大和言葉系」と「中国語系」が伝統的な数え方として使われてきたのです。

もし「ゼロ、イチ、ニ」と数えると、伝統的な数え方に英語が交《ま》ざります。「はち、きゅう、テン」ではおかしいように、正しい読み方とは言えないのです。「０８０」は「れい・はち・れい」が正しいのです。ただし、日々の会話では「０１２０」を「ゼロ・イチ・ニ・ゼロ」と読むことが多いでしょう。やはり言葉は常に変化しています。

また、「ゼロ」は「何もない」という概念を示すことから、「まったくない」という意味を持ちます。ＮＨＫの放送文化研究所では、「事故ゼロ」や「欠席者ゼロ」など、事故や欠席者が「まったくない」ことを強調するときに使うとしています。「午前０時」は「まったくない」ことを強調していないので、「ごぜん れいじ」です。

読み方が複数ある数字では「７」がありますが、音読みの「シチ」と訓読みの「なな」の違いです。「九」は「きゅう」とも「く」とも読みますが、「九月」は「くがつ」、「九階」は「きゅうかい」で明確なルールはないようです。

どっちを選ぶ？

5 ×「ご食事」→○「お食事」、×「お連絡」→○「ご連絡」「お」と「ご」の使い分けのルールは？

日本語では、相手に対する尊敬の気持ちを示したり、物事を丁寧に表現したりするときに、単語の前に「お」や「ご」を付けて話します。「ご連絡します」や「お気遣いありがとうございます」、「綺麗なお花ですね」などというように。

この「お」や「ご」については、普段から日本語を使っている人なら、自然と「お」や「ご」を使い分けることができるでしょう。ところが外国人の生徒さんはそうはいきません。「使い分けのルール」を教えてほしいと言ってきます。

どんな単語のときに「お」を付けて、どんなときに「ご」を付けるのでしょうか。

日本語のレッスンでは、敬語の中で「お」と「ご」の使い分けの原則を教えます。それは「お＋和語」、「ご＋漢語」というもの。和語とは、「もともと日本で使われていた言葉」で、大和言葉とも言われています。「気遣い」や「花」はもともと日本で使われていた言葉で、他にも「話」や「気持ち」といった和語にも「お」が付いて「お話」や「お気持ち」になります。

一方、漢語とは、もともとは中国から伝来した言葉で、「案内」や「結婚」などの漢語に「ご」が付いて、「ご案内」や「ご結婚」と使います。もともと日本で使われていた和語には「お」が付き、中国から伝来した漢語には「ご」が付くのが原則です。

ただし、日本語の中で、どれが和語でどれが漢語なのか、一つひとつ見分けていくのは、簡単ではありません。そこで、もう少しわかりやすく。漢字の音読・訓読で区別できます。「報告」や「案内」など音読みの単語には、「ご」が、「山（やま）」や「船（ふね）」など訓読みの単語には「お」が付きます。ただし、これらはあくまでも原則です。「誕生日」のように音読みの漢語でも「お誕生日」と「お」が付く例外もあります。

どっちを選ぶ？

6 お腹は「空く」のか？ それとも「減る」のか？

お昼前でランチが待ち遠しいとき、「お腹が空（す）いた」と「お腹が減った」、どちらの言葉をよく使いますか。「空腹」と書くくらいだから、「お腹は『空く』が正しい」と考えている人もいるようですが、さて、お腹は「空く」のでしょうか、「減る」のでしょうか。

「お腹が空く」も「お腹が減る」も、いずれも空腹を意味する表現で、意味に大きな違いはありません。「空く」には、空間を満たしていた人やモノが少なくなり、その空間に「空き」ができること、まばらになるという意味があります。「電車が空いてきた」、「空いている道」などと使います。一方、「減る」は、数量や程度が少なくなることを意味します。

つまり、「お腹が空く」も「お腹が減る」も、どちらも間違いではないのです。

ただ、「腹が減っては戦《いくさ》ができぬ」という言葉があるように、一般的には、「お腹（おなか）」は「空く」で、「腹（はら）」は「減る」と使います。ちなみに、「お腹（おなか）」は、「お中（御中）」とも書き、室町時代から宮中で使われた女房詞では、「食事」のことを意味していました。

どっちを選ぶ?

7 日本語を「学ぶ」と「習う」どう使い分けたらいい?

日本語での会話や読み書きができるように、発音や文法、単語などを身につけることを「日本語を学ぶ」、あるいは「日本語を習う」と言います。どちらも同じ意味を持つように思えますが、「学ぶ」と「習う」は、どう違うのでしょうか。

「学ぶ」とは、「勉強する」、「学問をする」といった一般的な意味に加えて、「教えを受けたり見習ったりして、知識や技芸を身につける」、「経験することによって知る」、「学ぶ」の語源ともされる「まねる」といった意味があります。

一方、「習う」は、「知識や技術などの教えを受ける。教わる。学ぶ」といった意味の他に、「教わったことを繰り返し練習して身につける」、「経験を積んで慣れる、習慣となる」といった意味を持ちます。学ぶよりも、「繰り返し練習して、慣れ親しみ、身につける」意味合いが強いと言えます。「稽古《けいこ》する」というイメージでしょうか。

また、「学ぶ」という場合には、教師となる人がいることもありますが、「現場で学ぶ」や「失敗を経験しながら学んでいく」などと言うように、教師がいないときにも使います。

それに対し、「習う」は、「ダンスを習う」や「ピアノを習う」というように、インストラクターや先生、教師がいます。

日本語を勉強している場合、日本語の教師がいるときは「日本語を習う」、あるいは「日本語を学ぶ」と言えますが、独学で勉強したり、仕事での経験や日々の暮らしから日本語を身につけたりするのであれば、「日本語を学ぶ」と言うほうが適切でしょう。

どっちを選ぶ？

8 「わかりました」「了解しました」「承知しました」の使い分け方、知っていますか？

「わかりました」、「了解しました」、「承知しました」はいずれも、相手の主張や申し出を受け入れるときに使う言葉です。例えば、仕事で何か頼まれて引き受けるときなどによく使いますが、相手との関係性や状況によって使い分けることが必要です。どのように使い分ければいいでしょうか。

「わかりました」は、「わかる」（解る、判る）の連用形「わかり」に丁寧の助動詞「ます」の過去形「ました」が付いた言葉です。つまり、丁寧語ではありますが、尊敬や謙譲の意味は薄いということ。友人や同僚ならいいですが、仕事の相手や上司、あるいは目上の人との会話では、ふさわしいとは言えません。

「了解しました」は、相手の考えや事情、物事の内容などをわかったうえで、それらを認めて了承するという意味合いがあります。「了解しました」は、仕事でのやりとりでよく耳にしますが、「理解して認める」という意味合いがあるため、仕事の相手や上司、目上の人には使わないほうが無難です。

一方、「承知しました」は、相手の主張や意見、依頼を「承《うけたまわ》る」という意味合いを持ちます。へりくだった表現となるため、仕事の相手や上司、目上の人などに使う言葉として適しています。「了解しました」との違いとして、「了解するのは上司、承るのは部下」と覚えておけば、使い方に迷うことは少なくなるでしょう。

もう一つ、「了解」と「理解」の違いについて。「了解」は相手の事情をわかったうえで「認める」、「理解」は物事の意味や内容を「正しくわかる」という意味合いが強くなります。「お話の内容は理解しました」と言えば、理解はしたが「認めていない」という意味合いを言外に含んでいることも考えられます。

どっちを選ぶ？

9 「～してくださいませんか」と「～していただけませんか」どちらがより丁寧な言い方？

上司に「明日、ハンコを押してくださいませんか」と「ハンコを押していただけませんか」では、後者のほうが、より丁寧に聞こえます。なぜでしょうか。

どちらも丁寧な依頼を示す言葉です。ただし、「～してくださいませんか」は、相手が依頼されたことをする主体となり、その主体に「～してくださいませんか」と丁寧語で依頼をしています。

一方、「～していただけませんか」は、相手が依頼されたことをするのには違いがありませんが、その行為を「していただく」というように、行為をしてもらう自分を下げて、相手を高める謙譲語で依頼をしています。

人への依頼を丁寧に表現する言葉遣いはいろいろありますが、丁寧語よりも謙譲語を使って表現したほうが、相手により丁寧な印象を与えます。

どっちを選ぶ？

10 「渋滞していたので、遅刻しました」と「渋滞していたから、遅刻しました」ではどちらが適切？

「渋滞していたので、遅刻しました」と「渋滞していたから、遅刻しました」は同じ意味ですが、前者のほうが丁寧に聞こえます。なぜでしょう。

理由は、「～ので」がやや公式的に使われるということが挙げられます。「～ので」のほうが「～から」より丁寧な表現と言えるのです。

また、「～ので」は一般的に書き言葉、「～から」は話し言葉、つまり、よりくだけた表現と言えます。そのため、仕事の文章などでは「～ので」を使うほうが無難です。

さらに、「～ので」は、物事の因果関係や事実関係を客観的に示します。「渋滞していたので、遅刻しました」のほうが、理由を客観的に説明しているニュアンスが感じられます。一方の「渋滞していたから」と言うと、話し手が「（渋滞は）自分のせいではない」という感情を言外に含んでいるようにもとれます。

どっちを選ぶ?

11 あの人は「すぐ来ます」と「もうすぐ来ます」待ち時間が短いのはどっち?

「すぐ」も「もうすぐ」も、「時間をおかないで」や「ただちに」という意味を持つ副詞です。それでは、「すぐに来ます」と「もうすぐ来ます」では、待ち時間が短いのはどちらでしょうか。

「もうすぐ」は「すぐ」に意味を強める「もう」が付いているので、「もうすぐのほうが短い」と思われがちですが、じつは、どちらとも言えないのです。

「すぐ」は、「単純に時間が短いこと」を示します。「すぐに来ます」と言えば、常識的には5分や10分くらいで来ると考えられるでしょう。客観的に時間が短いことを示します。

一方、「もうすぐ来ます」には、話し手が「短い時間」と思っているというニュアンスが含まれます。また、話し手が「話をしている時点」を基準にして、来るまでの時間が短いことを示します。ただし、その時間は5分以内のこともあれば、15分のこども30分のこともあるのです。

例えば、「もうすぐ日が暮れますね」は、話し手が「もうすぐ」と思う夕方の時間帯になれば使えますが、「すぐ日が暮れますね」というフレーズは日没前でないと、「えっ、あと1時間もあるのに」とおかしなことを言う人だなと思われかねません。

もう一つ、「すぐ」と「もうすぐ」では違いがあります。「すぐ」は「はい。すぐにやります」などの現在のこと、「席に座ったら、すぐに電話が鳴った」という過去のこと、「急げば、すぐにできます」といった未来のこと、つまり、現在・過去・未来に使えます。ところが、「もうすぐ」は、「はい。もうすぐやります」などのように、おもに現在のことに使います。「席に座ったら、もうすぐ電話が鳴った」も「急げば、もうすぐできます」もおかしな表現です。

どっちを選ぶ？

12 「こちら」「そちら」「あちら」どれが一番遠くを指している？

「こちら」、「そちら」、「あちら」の中で、一番遠くを指しているのは、普通に考えると「あちら」となるでしょう。

「こちら」は自分に近い場所、「そちら」は（自分からは離れているが）話し相手に近い場所、「あちら」は自分からも相手からも「離れている場所」のこと。そう考えると、会話のシチュエーションにもよりますが、「あちら」が一番遠くになるケースが多いでしょう。

「こちら」、「そちら」、「あちら」は、日本語では「指示語」と呼ばれています。物事を指し示す働きをする言葉で、「どちら」を追加して「こそあど言葉」として小学校の低学年から習います。「こそあど言葉」には、他にも「ここ」、「そこ」、「あそこ」、「どこ」、「これ」、「それ」、「あれ」、「どれ」などがあります。

そこで、「こそあど言葉」の中で、気になることをもう一つ。「こちら」と「ここ」の違いは何でしょうか。

どちらも、自分に近いところを示す言葉ですが、「こちら」は、場所だけではなく、「こちらを向いてください」のように「方向」を示したり、「こちらの方《かた》は、お母様ですか?」など話し相手のすぐそばにいる「人」を示したりします。

他にも、「こちらも試食してみますか」や「こちらも試着してみますか」などと使います。つまり、「こちら」は場所だけでなく、方向や人やモノなど「示すもの」が幅広い」のです。「そちら」と「そこ」、「あちら」と「あそこ」の違いも同様です。「こちら」、「あちら」、「そちら」には場所だけではなく、方向や人、モノを示す働きがあるのです。

どっちを選ぶ？

13 「まだまだガンバレ」「もっとガンバレ」「さらにガンバレ」……もっとも頑張るべきなのは？

会社の上司からAさんは「まだまだガンバレ！」、Bさんは「もっとガンバレ！」、Cさんは「さらにガンバレ！」と励まされました。この中で、「もっとも頑張らなくてはいけない人」は誰でしょう。

「まだまだ」、「もっと」、「さらに」は、いずれも程度副詞です。どれも同じような意味に思えますが、「三月は、まだまだ寒い」と「三月は、もっと寒い」、「三月は、さらに寒い」となると意味合いが違ってきますね。

「まだまだ」は、漢字で書くと「未だ未だ」です。「長い夜は、まだまだ明けない」というように「未だに」という意味合いがあります。「まだまだ頑張れ」といえば、「現在が未だに目標とする状況やレベルに到達していない」ので頑張れ、というニュアンスが含まれています。

一方、「もっと」は、現在の物事の状態や程度が、その度合いをより強める様子を示しています。例えば「一月の大寒《だいかん》には、もっと寒くなる」と言った場合、「今でも寒いが、その状態や程度が強さを増していく」という意味です。

「さらに」には、「重ねて」や「追加して」、「その上に」といった意味合いが含まれます。「製造コストがかかるのも問題だが、さらに技術的な問題もある」というように、現在の状態に、新たに事象が追加され、その度合いを強めていく様子を示しています。

それぞれの使い分けですが、現在の状態が「未だ目標レベルには達していない」のであれば「まだまだ」を、現在の状態をより強めていく場合には「もっと」を、現在の状態に新たに何かを追加して度合いを強めるのであれば「さらに」を使うと考えてよいでしょう。

そこで、最初の問題の答えです。「もっとも頑張らなくてはいけない人」は、「まだまだガンバレ！」と励まされたAさんと言っていいでしょう。理由は、現在のAさんが「まだまだ目標レベルに達していない」と考えられるからですね。

どっちを選ぶ？

14 「ときどき行く」と「たまに行く」よく行くのはどっち？

「ときどき」とは、「ある事柄が時間をおいて繰り返される様子」という意味で、漢字では「時々」と書きます。一方、「たまに」は、「まれに」、「思い出したように」という意味です。漢字で書くと「偶に」。めったにない様子を示しています。これらの意味合いから、「ときどき、会う」と「たまに、会う」と言った場合には、「ときどき」のほうが会う頻度が多いと言えるでしょう。

頻度や程度を示す副詞には、「ときどき」や「たまに」だけではなく、「いつも」、「たいてい」、「よく」などがあります。これらの言葉の意味の違いに、外国人の生徒さんたちは悩みます。

そんなとき、私は英語で次のように説明するようにしています。「いつも」は英語では「always（オールウェイズ）」。意味は文字通り「いつも」です。「ランチは、いつも社員食堂で食べます」と言えば、「月曜日から金曜日まで毎日、社員食堂で食べる」という意味です。

「たいてい」は「usually（ユージュアリー）」で、頻度は「かなり高め」です。月曜日から金曜日までで「4日くらいは社員食堂で食べている」というイメージです。「よく」は「often（オーフン）」で、頻度は「たいてい」より少し下がります。それでいくと、週のうち「3日くらいが社員食堂」となるでしょう。「ときどき」は「sometimes（サムタイムズ）」で、頻度は「よく」より少し下がります。社員食堂に行くのは週のうち半分程度でしょうか。「たまに」は「occasionally（オケイジョナリー）」で、頻度はぐっと下がって、週のうち1～2日しか社員食堂には行かないときに使うと話します。

あくまでも目安でしかありませんが、英語も交えて説明することで、頻度や程度を少し具体的に理解できると思います。

どっちを選ぶ？

15 「ほとんど」「大半」「かなり」それぞれ何割ぐらいの多さを示している？

「会議には、ほとんどの社員が参加した」と「大半の社員が参加した」、「かなりの社員が参加した」では、「最も多くの人が参加した」ことを示しているのはどれでしょうか。

答えは、「ほとんど」で、一般的には「9割の人が参加したとき」に「ほとんどの人が参加した」と表現できます。つまり、「ほとんど」とは「9割」という意味と考えてよいでしょう。

「大半」は、さまざまな解釈がありますが、一般的には「8割程度が大半です」と説明しています。辞書で調べてみると、「半分以上」としているものもあります。そこで、「6割〜7割が大半」という考え方もあるようです。

一方、「かなり」は、単純に程度を示すだけではなく、「予想に反して」という意味合いも持っています。もともと「ほとんど参加する人がいない」と思われていた会議であれば、社員の半分程度が参加しただけでも「かなりの社員が参加した」と言えます。反対に、「8割の社員は参加する」という想定なら、8割の参加でも「予想通り」。予想をどこに置くかによって、「かなり」の使い方も変わってくるのです。

このように、日本語では、頻度や程度を示すときに、さまざまな「程度副詞」を使います。「あなたの声は、とてもはっきり聞こえます」の「とても」や、「手作りの、たいへんおいしい料理をいただきました」の「たいへん」も程度副詞です。いずれも「はっきり」や「おいしい」の程度の度合いを強める働きがあります。

どっちを選ぶ？

16 「今度の電車」と「次の電車」すぐに来るのはどっちの電車？

駅のホームで電車が出発する順番が「こんど（今度）」や「つぎ（次）」と表示されているのを見たことがあるかもしれません。

この「こんど」と「つぎ」という表示、じつは関東圏の一部の鉄道会社の表示らしく、大阪・京都などの関西圏、名古屋など中部圏では、「先発」、「次発」、「次々発」と表示しているのが一般的だそうです。

最近では「こんど」と「つぎ」がややこしいので、線名・行先・出発時刻・ホーム番号だけを表示する鉄道会社もあるようです。

さて、「先発」、「次発」という表示であれば、最初に発車するのが先発、続いて次発とわかるでしょう。それでは、「今度」と「次」では、どちらが先でしょうか。

「今度」は、現在から最も近いものを示します。「今度」と「次」では、「今度」のほうが先です。今度は、現在から先の将来のことだけでなく、「今度の台風の被害はひどかったね」と言うように、直近の過去のことにも使えます。

それに対して「次」は、ある時点を基準にして、それに「続く」ものを示します。電車の出発の順番で、「次」というのは、「今度の電車」を基準にして、それに続くという意味です。

それ以外にも、「お次の人、中にお入りください」や「次こそ、がんばろう」などと使います。これらの例では「今の順番の人」を基準にして、それに続く人が「お次の人」になり、「今回」のチャンスを基準にして、それに続くのが「次こそ」になります。

どっちを選ぶ？

17「晩ごはん」と「夜ごはん」では食べる時間が違う？

日本語では、一日の時間帯を示す言葉が「朝」、「昼」、「晩」、「夜」というようにあります。朝と昼の違いは感覚的にピンと来ても、「晩」と「夜」の違いとなると、とたんに曖昧になってしまうのではないでしょうか。

例えば、それぞれに「ごはん」という言葉を付けて、「晩ごはん」と「夜ごはん」とした場合、「どっちも同じでしょう」と思ってしまいませんか。

ところが、「晩」と「夜」では、時間帯が微妙に異なります。

「晩」には、「夕暮れ・夕方」と「夜」の両方の意味があります。「夕暮れ・夕方」は、日が暮れる頃を示すので、季節によって時間帯は変わります。天気予報で「夕方」は、気象用語で「15時〜18時頃まで」と定められています。15時〜18時頃までの「夕方」と、それ以降の「夜」の両方の意味を持つのが「晩」です。

一方、「夜」は、日没から日の出までの時間帯を示します。天気予報では、「18時頃から翌朝の6時頃まで（一日の区切りを24時と定めている天気予報の場合は、18時頃から24時まで）」と定められています。「夕暮れ・夕方」の意味を持つ「晩」と比べると、「日没後から日の出まで」と、示す時間帯が違うのです。

これらのことから、「晩ごはん」と言えば、夕方に食べるごはんも、日没後の夜になってから食べるごはんも、どちらも「晩ごはん」と言えます。それに対して、「夜ごはん」は、最近になって使われるようになった言葉で、もともとは「晩ごはん」が正しいとする考えがあります。「晩ごはん」を食べる時間帯が、以前よりも遅くなり、夜中にかけて食べる人たちが増えてきたことから、「夜ごはん」という言葉が使われるようになってきたようです。

そう考えると、夕方に食べることもある「晩ごはん」のほうが「夜ごはん」と比べて、食べる時間帯が早くなる可能性があると言えるのではないでしょうか。

なお、「夕ごはん」は「夕暮れ・夕方」に食べるごはんですが、「晩ごはん」とほぼ同じ意味です。

多くの外国人が不思議に思う「わかります」と「わかりました」の使い分け

「日本語は曖昧《あいまい》な言葉」と言われることがあります。世界各国の言葉と比べて、本当に曖昧かはどうかはさておき、日常会話では、何一つ具体的なことを言わずとも会話が成立してしまうこともあります。

例えば、日曜日の午後に出かけた際に近所の人と会ったときなど、「おでかけですか？」「ええ、ちょっと……」「お気をつけて」と言葉を交わすだけで、なんとなく会話になってしまいますよね。

それでは、日本語のどんなところが特に曖昧なのか。

外国人の生徒さんが真っ先に指摘するのが「単数と複数の区別が曖昧」ということ。そもそも日本語では、主語が単数か複数かをあまり細かくは意識しないのです。「彼らは全員、我が社の優秀な技術者です」というように、主語が「彼らは全員」と複数であっても、「技術者たち」とはせずに、多くの場合、「技術者です」と単数で表現します。

さらに、「現在と過去、未来を示す時制が曖昧」とも言われます。特に外国人の生徒さんが気になるのが、「わかります」と「わかりました」の使い分けです。例えば「ここまでの説明で、質問はありますか？」と聞かれて、「いいえ。よくわかりました」と答えるのはおかしくありません。しかし「質問はありますか？」と聞かれているのは「今のこと」です。それなのに、「よくわかります」と現在形で答えるとどこかおかしく感じ、「わかりました」と答えるとしっくりくるのはなぜでしょうか。

これは、「ました」に付いている助動詞「た」の働きによるものです。「た」には、おもに動作が終わった「過去」を示す意味合いと、動作が「今、ちょうど終わった」という「完了」、そして「終わったところの動作」が今も続いている「存続」

を示す働きがあります。

つまり、「わかりました」の「た」は、じつは単純な過去形ではなく、「わかる」という動作が「今、ちょうど完了したこと」、それが今も「続いている（存続している）」ことを示しています。

ただ、このような説明は、外国人の生徒さんにはわかりにくいこともあります。そこで、日々の会話では、「私の気持ち、わかりますか？」「はい、わかります」というように、「相手の気持ちや事情を理解するケースでは『わかります』を使うケースが多い」と教えています。一方、説明の内容などが理解できたかどうかを示すときには、「わかりました」を使うことが多いですね。

6章

人に良いことをする「親切」。なぜ「親」を「切る」と書く？

▽「なぜ、その漢字？」にきちんと答えられない日本語13

なぜその漢字？

1 「真っ赤なウソ」に「赤の他人」なぜ「赤」を使うのか？

わずかな真実も含まれないまったくのウソを「真っ赤なウソ」と言い、縁もゆかりもない他人のことを「赤の他人」と言います。どちらも色の「赤」が使われていますが、ウソならば、色としてはグレーや黒のほうがイメージに近いような気がします。なぜ「赤」なのでしょうか。

日本語の「赤」には、特別な意味合いがあります。まず、「赤」は、そもそも赤色を示すだけでなく、明るいことを示す言葉でした。そのため、「赤」には、「明らかな」という意味がありました。

そこで「赤」が名詞の前に付くと、「まったくの」や「明白な」、「明らかな」という意味合いを強調する働きをします。「真っ赤なウソ」の「真っ赤」は、ウソであることが明白である「赤」を、さらに「真っ赤」と強めているので、わずかな真実すら含まれていないウソという意味になります。「赤の他人」も同様に、他人であることが明らかであることが強調されています。

さて、赤が付く言葉には、その他にも「赤貧（せきひん）」や「赤裸々（せきらら）」、「赤っ恥（あかっぱじ）」などがあります。

赤貧は、「赤貧洗うがごとし」のように、極めて貧しく、（まるで水で洗ったように）何も持っていないさまを示します。「赤」という言葉で、貧しさの度合いを強めています。赤裸々は、「包み隠さず」の意味で、「赤」ですべてを明らかにするという意味を強調しています。赤っ恥は、極めて恥ずかしいことを示します。

真っ赤なウソをつく
腹黒い人....
ゼッタイ儲かりますよ

なぜその漢字？

2 人に良いことをしてあげるのが「親切」なのになぜ「親」を「切る」と書く？

「親切」という漢字には「親」を「切る」など、なんだか物騒な字が使われています。「親を切る」ことが、どうして「親切」になるのでしょうか。

「親」という漢字には、「親しい」や「親密な」という意味合いがあります。また、「切」には、「切る」意味だけではなく、「心を込めて物事をする様子」や「一生懸命に物事をするさま」を示すという意味合いがあります。「心に強く感じるさま」や「思いが非常に強い様子」も示し、「彼の成功を切に願う」などと使います。

さて、そんな「切」の意味合いを踏まえて親切という言葉を考えてみると、「心を込めて『親しく』なろうとする様子」や「一生懸命に『親密に』なろうとする様子」が意味合いに含まれていることがわかると思います。「親（おや）」を「切る」のではないのです。

「切」が同じような働きをする言葉は他にもあります。例えば「懇切《こんせつ》」。「懇」は「ねんごろ」と読み、非常に心がこもっているということです。また「哀切《あいせつ》」という言葉もあります。これは「非常に哀れでもの悲しいこと」を示します。

なぜその漢字？

3 「一ヶ」「三ヶ月」……なぜ「小さなケ」を「コ」や「カ」と読むの？

日本語では、モノによって数え方が異なります。棒のように細くて長いものは「○本」、丸くて小さいものは「○粒」、順位を示すのは「○位」などです。これらは助数詞《じょすうし》と呼ばれ、数字に付いて数量を表します。

助数詞は、数えるモノによって、どのような助数詞を使うかは、だいたい決まっています。また、数えるモノの形状（細く長い、小さくて丸いなど）や性質も含めて示すのが特徴です。

モノの個数を示す「箇（こ・か）」も、こうした助数詞の一つ。「小さなヶ」は、この「箇」の竹かんむりの片方を抜き出して略字にしたとされています。つまり、片仮名のケを小さくした文字ではないのです。だから、ケとは読まずに、コやカと読みます。古くは、数を示すときに使われる「个」の略字として「ヶ」が使われていたとする説もあるようです。

さて、それでは、「三箇月」、「三ヶ月」、「三カ月」では、どれが正しい書き方でしょうか。

答えは、「いずれも正しい」です。ただし、同じ文章内で「三箇月」や「三ヶ月」が混在するのは避けましょう。表記ルールを統一しておいたほうがいいでしょう。

なぜその漢字？

4 お酒のおつまみを「酒のさかな」と言うけど もともとはどんな魚なのか？

「酒のさかな」の「さかな」を漢字で書くと、「魚」ではなく「肴」が正解。「肴」は、「さか（酒））＋な（菜・魚など）」という言葉を語源としています。「な（菜・魚など）」には、ごはんなどの主食と一緒にとる副食（おかず）という意味があり、菜や魚などの漢字が当てられていました。つまり「さかな」は、「お酒を呑《の》むときの副食（おかず）」という意味で、焼き鳥でも枝豆でも、何でも「肴」になります。「酒のさかな」とつい言ってしまいますが、肴の語源が「酒＋菜」とすれば、「酒の『酒＋菜』」は二重表現になってしまいますね。

ところで、「魚」という漢字、もともとは音読みで「ギョ」、訓読みで「うお」としか読まなかったのをご存じですか。１９７３年（昭和48年）内閣告示の「当用漢字音訓表」で「さかな」という読み方が示されるまでは、公式には「さかな」とは読みませんでした。ただし、これはあくまで公式の話。庶民の間では、古くから「さかな」という呼び方が使われていました。江戸時代に「酒には魚（うお）を使った料理が合う」となったことから、「肴といえば魚（うお）」となり、そこから転じて魚（うお）のことを「さかな」と呼ぶようになったとされています。

もともと魚《うお》だったのが
肴 → 魚《さかな》になった

なぜその漢字？

5 「都・道・府・県」では何が違うの？

日本の行政区画では、「1都1道2府43県」を合わせて「日本全国47都道府県」と呼びます。この都道府県には、それぞれどのような違いがあるのでしょうか。

都道府県は、いずれも地方自治法で定められた「普通地方公共団体」です。いわゆる「地方公共団体」として、法的には同格で、地域住民に対して同じ役割、権能を提供しています。

外国人の生徒さんに、都道府県の違いを聞かれたときには、東京が首都であることを説明し、そして、大阪と京都を「府」、北海道だけは「道」であり、それ以外を「県」と呼ぶこと、つまり「呼び方が違う」と説明しています。

それでは、なぜ、呼び方に違いがあるのでしょうか。これは歴史をひもとけばわかることですが、明治政府が廃藩置県で、日本における重要な都市として、江戸幕府があった東京、商業都市だった大阪、御所があった京都を「府」とし、それ以外を「県」としました。もともとは、重要かどうかで「府」と「県」に分けられたのです（北海道が正式に北海道になったのは明治19年）。その後、東京府に東京市が設置され、１９４３年には東京府と東京市が廃止されて東京都となりました。

なお、地方自治法では同格とされる都道府県ですが、「大阪都構想」という考え方があるように、「都」と「府」には、行政区分で違いがあります。

「都」には「東京都新宿区」のように、その下に特別区（東京では23区）がありますが、「府」に特別区はありません。「大阪府大阪市○○区」のように「市」の下に「区」があります。

「大阪都構想」は、人口約２７０万人を抱える大阪市をなくして複数の特別区にし、大阪府と大阪市の二重行政の無駄を省くという考え方とされています。

なぜその漢字？

6 「多少」は「多い」こと？ それとも「少ない」こと？

「ここのデザインを多少、変えたい」や「在庫は多少ならあります」と言うときの「多少」。「多い」と「少ない」という正反対の漢字が組み合わさった熟語です。「多い」のか、「少ない」のか。疑問に思ったことはありませんか。

「ここのデザインを多少、変えたい」、「在庫は多少ならあります」の「多少」は、いずれも「変える」や「ある」にかかる副詞です。副詞の「多少」には「数量のあまり多くないさま、程度のあまり大きくないさま、いくらか、少し」といった意味があります。ようするに、デザインの変更は大幅でない＝少しであり、在庫は少しならあるということ。数量や程度は、はっきりしないが、「多くはない」場合に使う「多少」と考えるといいでしょう。

もう一つ、「多少」には「多少にかかわらず、ご用命ください」といった使い方もあります。この「多少」は名詞で、「数量が多いことと少ないこと、多いか少ないかの程度」という意味を持ちます。

つまり、副詞としての「多少」は数量が多くない＝少ないことを示し、名詞の「多少」は「多いことと少ないこと」を意味します。

「多少」と同じような意味を持つ言葉として「若干《じゃっかん》」がありますが、文語的な表現なので、普段の会話では「多少」のほうがよく使われているでしょう。なお、古語での「多少」は、現在とは反対で「多いこと」を意味していました。

平安時代に成立した「今昔《こんじゃく》物語集」にある「人の家に多少の男子を生ぜるは此を以って家の栄とす」は「少しの男子」ということではなく、「多くの男子」という意味で使われています。

なぜ
その漢字？

7 「無数」は「数が無い」と書くのになぜ「数が多い」という意味になる？

雲がない日の夜空に無数の星が輝いているのを見たことがあるでしょう。この「無数」は、もちろん「たくさん」という意味です。「数が無い」と書くのに、なぜ反対の「たくさん」という意味になるのでしょうか。

これは、「無数」が「数が無い」のではなく、「数えることができない」という意味を持つからです。「無数」は、「宇宙には無数の星がある」や「海には無数の魚が泳いでいる」などと、数え切れないほど多いことを示すときに使います。

それに対して、数量が多くても数えることができる場合には、「多数」を使います。「このレストランは多数のワインを取り揃えている」とか「集会には多数の人が参加し、抗議の声をあげた」などと使います。

さて、「無数」と同じように「無」という文字を使った言葉には、例えば「無限」や「無理」、「無言」、「無礼」などがあります。「あの選手は無限の可能性を秘めている」とか、「あの人はいつも無理ばかり言う」、「ただ呆然《ぼうぜん》と無言で立っていた」、「いきなり押しかけるなんて無礼な人だ」などと使います。

こうした例では、無限は「限りが無い」、「無理」は「道理が無い」、「無言」は「言葉を発しない」、「無礼」は「礼儀が無い」といった意味合いです。

このように通常は「無」の後ろに付く言葉が示す事柄が「無い」ことになるのですが、「無数」の場合は「数が無い」ではなく、「数えることができない」という意味合いになるのです。

なぜその漢字？

8 「あいつは左遷された」と言うけどなぜ「左」が付くの？

会社や組織などで、それまでよりも低い地位や役職に落とすことを「左遷（させん）」と言います。左遷の「遷（せん）」には、「移る・移す」という意味があります。「左に移す」ことが、なぜ降格になるのでしょうか。

日本史に詳しい人なら、日本の律令《りつりょう》制では右大臣より左大臣が上位で、古くは「左が右より上」が一般的であったことをご存じかもしれません。なおさら不思議に思うはずです。

「左遷」という言葉は、中国が由来です。古来、中国では右を上位とし、左を下位としたことから、官職の降格や中央から地方へ移すことを「左遷」と言いました。

さらに、「左遷」には、由来となったとされる故事があります。

中国の歴史書「史記」によれば、項羽《こうう》と劉邦《りゅうほう》が秦《しん》を滅ぼした後、項羽は領土を武将たちに分け与えました。そのとき、劉邦の勢力を警戒した項羽は、劉邦に約束した領土ではなく、その西側の「辺境の地」を与えて追い払いました。その地は当時の中国の中心から見ると左側。劉邦の領土を「左に遷した」ことが、「左遷」の語源という説があります。

なぜ その漢字？

9 「一部始終」とは最初から最後までのことなのになぜ「一部」なのか？

「一部始終」という漢字を見ると、「始まりから終わり」までの「一部」という意味に読めます。そのため「物事の最初から最後までの一部分のこと」だと誤解している人もいるようです。なるほど、「全部始終」とでも書くのならまだしも、どうして、「一部始終」が「最初から最後までの全部」という意味になるのでしょうか。

その理由は、「一部」の意味にあります。「一部」には、一般的な「全体の中のある部分」や「一部分」という意味だけでなく、「書物や新聞などのひとまとまり」、「書物の一冊」という意味があります。

つまり、「一部始終」の「一部」とは、「全体の中のある部分」という意味ではなく、「書物の一冊」丸ごとすべてという意味です。だから、「一部始終」と言えば、「書物一冊の始まりから終わりまで」という意味になるのです。

なぜ その漢字？

10 空から土も砂も降ってこないのに なぜ「土砂降り」と言う？

大粒の雨が激しく降ることを「土砂降り」と言います。空から土や砂が降ってくることはないのに、なぜそう言うのでしょうか。「土砂が流れるほどの勢いがある大雨だから」と思い込んでいる人もいるかもしれませんが、そうではありません。「土砂降り」の「土砂」には、土や砂という意味はありません。激しい雨が降る音を表す擬音の「どしゃどしゃ」や「どしゃっ」から来ているという説があります。この「どしゃ」に「土砂」という字を当てたということです。

雨が激しく降るさまには、他に「篠突《しのつ》く雨」という表現もあります。「篠」は竹や笹のことで、竹や笹を束ねたものが激しく落ちてくるように、地面に突き刺さるように強く降る雨という意味です。「篠突く雨」を雨がしとしとと静かに降っている様子を示す言葉として使う人もいますが誤用です。

なぜその漢字？

11 ともに素晴らしい様子である「格別」と「別格」どう違うのか？

「このワインの風味は格別だね」と言えば、「とても美味しい」ということです。「格別」と同じような言葉の「別格」を使って、「このワインは別格だね」と言っても、若干ニュアンスの違いはあっても、同じような意味合いで、おかしな表現ではありません。

ところが、「出場選手の中でも、彼は別格だ」と言うのを「出場選手の中でも、彼は格別だ」と言うと、どこかおかしな日本語に聞こえます。「格別」と「別格」は、何がどう違うのでしょうか。

「格別」には、普通と比べて程度や品質などが格段に優れている様子を示す意味があります。「この会社の新製品開発力は格別だ」とは、他社に比べて格段に高いということ。つまり、「格別」とは、「特別に優れている」ことや「とても素晴らしいこと」を意味しています。

一方、「別格」には、おもに「特別な扱いをする」という意味合いがあります。通常の形式や枠組みにはとらわれず、それらには拘束《こうそく》されずに「特別扱い」になっているさまを「別格」と言います。「あのデザイナーは、社内でも別格な扱いだ」などと使います。

能力や技量が他を圧倒するほどに高く、ランクやレベルなどの「格」が「他と違う」という意味で、おもに、その人やモノの「地位」や「ランク」、周囲からの「扱い」が特別であるときの表現です。

そのため、「出場選手の中でも、彼は別格だ」は、その選手の地位やランク、周囲からの扱いに対して格が違うことを示しているので、しっくりくるのです。「格別」を用いるのであれば、「出場選手の中でも、彼のテクニックは格別だ」というように、特別に優れているモノを明確にするとしっくりきます。

なぜその漢字？

12 誰もいなくなるのが「留守」なのになぜ「留まって」「守る」と書く？

「留守」という言葉を巡っては、興味深い調査があります。毎日新聞が「留守を守る」という表現について、SNSを使って違和感を覚えるかどうかを調査したところ、約7割が「許容範囲」と回答したというものです。ようは、「留守とは、人がいない状態」であり、それを「守る」のはおかしくないということです。このことから、多くの人が、「留守」を「人がいない状態」を示す言葉として認識していると考えられます。

ところが、国語辞典を調べてみると、「留守」とはもともと主人やその家の住人が外出している間に「その家を守ること」や「その家を守る人」だったことがわかります。主人がいなくなった家に「留《とど》まり」、その家を「守ることや人」を「留守」と言っていたのです。そこから転じて、現在のように、「外出して家を空けること」や「不在にすること」を意味する言葉として使われるようになったのです。

なぜ その漢字？

13 男の子どもを「息子」と言うけど なぜ「息」の「子」なのか？

自分の子どもが男の子だったら「息子（むすこ）」、女の子だったら「娘（むすめ）」と言います。どちらも、語源は、「生じる」や「生む」を意味する「生す（むす）」、「産す（むす）」にあります。「むす」に男の子を意味する「こ」が付いて「むすこ」、女の子を意味する「め」が付いて「むすめ」になりました。

さて、この「むすこ」をなぜ「息子」と書くのでしょうか。息には「命」という意味があります。「息子」の語源である「生す子」や「産す子」は、もともと命が生まれることに由来していたため、「息」の字を当てるようになったと考えられています。

ところで、息子と同じように男の子を示す言葉に「子息」があります。漢字が反対になっただけですが、意味は大きく違います。「子息」は他人の子です。息子は「山田さんの息子」のように自分の子にも他人の子にも使えます。

コラム　日本語の教室から6

「左遷」「左前」に対して「左うちわ」「左大臣」……左は右より上なのか？下なのか？

日本語を教えていると、よく「左が付く言葉は、マイナスイメージで使われることが多い」といった通説を目にしたり、耳にしたりすることがあります。

日本語では、会社の経営がうまくいかないことを「左前」、地位や役職が下がることを「左遷」と言うなど、「左」が付いた言葉にはマイナスイメージがあるようです。それに対して「右」が付くと「あの人は、社長の右腕だ」など、確かにプラスイメージで使われる言葉が多いようです。

しかし、「左がマイナスで右がプラス」はあくまでもイメージにすぎないと言えるでしょう。

例えば、何もしないでもお金が入ってきて儲かることを「左うちわ」と言いますし、昔の日本では「左大臣のほうが右大臣より地位が上」でした。

歌舞伎などの舞台では、観客席から見て右側、役者側からすれば左手が「上《かみ》手」で、右手が「下手《しもて》」。ここでは、「左上位」です。また、床の間のある和室では、床の間を背にして左側が「上座《かみざ》」で右側が「下座《しもざ》」。ここでも「左上位」です。

さらに、日本の国技である大相撲にも、「左上位」が色濃く残っています。相撲の番付では、同じ関脇でも「東」の関脇のほうが、「西」よりも上位です。相撲の世界では、「天子、南に面す」という古くからの言葉があるように、その昔に天子が座ったという北から見て左側の「東」を、右側の「西」より上位と位置付けたのです。つまり、「左上位」ということ。

ちなみに、現在の国技館では、東の花道などは実際の方角では北に位置しています。天皇・皇后両陛下が着席されるロイヤルボックスから土俵を見て、「左側を東とする」決まりのため、実際の方角とは異なってしまったのです。

参考文献

『日本語文型辞典』グループ・ジャマシイ編著（くろしお出版）
『入門 日本語の文法』村田水恵著（アルク）
『みんなの日本語 初級Ⅰ』スリーエーネットワーク著（スリーエーネットワーク）
『みんなの日本語 初級Ⅱ』スリーエーネットワーク著（スリーエーネットワーク）
『みんなの日本語中級Ⅰ』スリーエーネットワーク著（スリーエーネットワーク）
『みんなの日本語中級Ⅱ』スリーエーネットワーク著（スリーエーネットワーク）
『中学受験用　完成語句文法』日能研著（日能研ブックス）
『日本語のニュアンス練習帳』中村明著（岩波ジュニア新書）
『人に聞けない　大人の言葉づかい』外山滋比古著（中経出版）
『知ってるようで知らない　日本語のヒミツ』三上文明著・野口元大監修（成美文庫）
『きちんと感がアップする　正しい「敬語」と「話し方」』杉本祐子著（ＰＨＰ研究所）
『日本人の知らない日本語』蛇蔵＆海野凪子著（メディアファクトリー）
『日本人の知らない日本語２』蛇蔵＆海野凪子著（メディアファクトリー）
『日本人の知らない日本語３』蛇蔵＆海野凪子著（メディアファクトリー）

参考文献

『ことばがいっぱい言葉図鑑（2）ようすのことば』五味太郎監修・制作（偕成社）
『広辞苑』新村出編（岩波書店）
『大辞林』松村明編（三省堂）
『大辞泉』松村明監修（小学館）
『新明解国語辞典』山田忠雄他編（三省堂）
『明鏡国語辞典』北原保雄編（大修館書店）
『ｉｍｉｄａｓ』イミダス編集部編（集英社）
『日本人の９割が答えられない日本の大疑問１００』話題の達人倶楽部編（青春出版社）
『大人の語彙力を面白いように使いこなす本』話題の達人倶楽部編（青春出版社）
『大人の語彙力が面白いほど身につく本』話題の達人倶楽部編（青春出版社）
『日本人の９割が知らない「ことばの選び方」大全』日本語研究会編（青春出版社）

人生の活動源として

いま要求される新しい気運は、最も現実的な生々しい時代に吐息する大衆の活力と活動源である。

文明はすべてを合理化し、自主的精神はますます衰退に瀕し、自由は奪われようとしている今日、プレイブックスに課せられた役割と必要は広く新鮮な願いとなろう。

いわゆる知識人にもとめる書物は数多く窺うまでもない。本刊行は、在来の観念類型を打破し、謂わば現代生活の機能に即する潤滑油として、逞しい生命を吹込もうとするものである。

われわれの現状は、埃りと騒音に紛れ、雑踏に苛まれ、あくせく追われる仕事に、日々の不安は健全な精神生活を妨げる圧迫感となり、まさに現実はストレス症状を呈している。

プレイブックスは、それらすべてのうっ積を吹きとばし、自由闊達な活動力を培養し、勇気と自信を生みだす最も楽しいシリーズたらんことを、われわれは鋭意貫かんとするものである。

―創始者のことば― 小澤和一

著者紹介

岩田亮子〈いわた りょうこ〉

日本語講師。大学卒業後、産業・経済専門紙記者を経て、2003年から現職。現在、外資系自動車会社をはじめIT部品メーカーなどのビジネスパーソンや外国人研修生を対象とした日本語研修、日本語学校での授業を担当。初めて日本語と日本文化に触れる外国人から、大学や大学院への留学を目指す外国人まで、「誰もが楽しく学べる」をモットーに日本語のレッスンを実施。外国人の生徒さんから寄せられる素朴な「日本語の大疑問」に日々新たな発見をしている。

日本人《にほんじん》の9割《わり》が
知《し》らずに使《つか》っている日本語《にほんご》

青春新書 PLAYBOOKS

2020年1月25日　第1刷
2020年5月5日　第2刷

著者　岩《いわ》田《た》亮《りょう》子《こ》

発行者　小澤源太郎

責任編集　株式会社プライム涌光
電話　編集部　03(3203)2850

発行所　東京都新宿区若松町12番1号 〒162-0056　株式会社青春出版社
電話　営業部　03(3207)1916　振替番号　00190-7-98602

印刷・図書印刷　製本・フォーネット社

ISBN978-4-413-21155-0